情商谈判

BRING YOURSELF

[美]莫里·塔赫里保尔 著
Mori Taheripour

居立 孙元 译

给内向者的沟通指南

How to Harness the Power of Connection to
Negotiate Fearlessly

中信出版集团 | 北京

图书在版编目（CIP）数据

情商谈判：给内向者的沟通指南 /（美）莫里·塔赫里保尔著；居立，孙元译. -- 北京：中信出版社，2024.11. -- ISBN 978-7-5217-6914-2

Ⅰ.C912.35

中国国家版本馆 CIP 数据核字第 20245NL890 号

Bring yourself: how to harness the power of connection to negotiate fearlessly by Mori Taheripour
Copyright © 2020 by Morvarid Taheripour
All rights reserved including the right of reproduction in whole or in part in any form. This edition published by arrangement with Avery, an imprint of Penguin Publishing Group, a division of Penguin Random House LLC.
Simplified Chinese translation copyright © 2024 by CITIC Press Corporation
ALL RIGHTS RESERVED
本书仅限中国大陆地区发行销售

情商谈判：给内向者的沟通指南
著者： ［美］莫里·塔赫里保尔
译者： 居立 孙元
出版发行：中信出版集团股份有限公司
（北京市朝阳区东三环北路 27 号嘉铭中心 邮编 100020）
承印者： 三河市中晟雅豪印务有限公司

开本：880mm×1230mm 1/32 印张：9.25 字数：200 千字
版次：2024 年 11 月第 1 版 印次：2024 年 11 月第 1 次印刷
京权图字：01-2020-4287 书号：ISBN 978-7-5217-6914-2
定价：68.00 元

版权所有·侵权必究
如有印刷、装订问题，本公司负责调换。
服务热线：400-600-8099
投稿邮箱：author@citicpub.com

致那些比我自己更相信我的人，
是你们激励我踏上寻找自我真相的旅途。

为此，我将永远心怀感激。

目录

引言 / *1*

第一部分 谈判困境的根源

第一章 降低自我价值感 / 003
自我怀疑 / 010
期望越低收获越少 / 015
在潜意识中降低自身价值 / 017
性别影响自我认知 / 024
谈判中的道德问题 / 028
小结 / 032

第二章 讨好型人格 / 037
放弃自我权力 / 043
错失谈判时机 / 046
由爱滋生怨恨 / 052
害怕被拒绝 / 056

不适应沉默 / 059
　　　　小结 / 062

第三章　让失败定义自我 / 067
　　　　害怕冲突和斗争 / 071
　　　　不愿寻求帮助 / 075
　　　　竞争意识过强 / 080
　　　　小结 / 082

第四章　思维误区 / 087
　　　　急于求成 / 091
　　　　"人善被人欺" / 094
　　　　性别偏见 / 096
　　　　生意与人际关系无关 / 099
　　　　过度自信 / 100
　　　　小结 / 104

第二部分　高情商谈判

第五章　开放性思维 / 107
　　　　分清利益和立场 / 110
　　　　质疑你的偏见 / 114
　　　　保持好奇心 / 120
　　　　真诚交流信息 / 124
　　　　多视角观察 / 129

第六章　同理心思维　/　131

如何转化同理心　/　136

同理心≠内耗　/　141

实现长期合作　/　145

第七章　在场思维　/　151

摆脱手机的"绑架"　/　158

避免透明度错觉　/　164

专注正念聆听　/　168

管理负面情绪　/　170

第八章　富足思维　/　179

资源不足就转变心态　/　184

坚守道德底线　/　192

主动共享信息　/　201

无所畏惧的底气　/　205

第九章　内在力量　/　211

将差异转化为优势　/　215

充分利用自身力量　/　218

发挥个人优势　/　220

真实性就是超能力　/　223

经验很重要　/　227

机会总是留给有准备的人　/　228

讨人喜欢也很重要　/　230

精神胜利法　/　234

以弱胜强　/　237

结　语　谈判改变生活　/　239

　　　　　从自身出发　/　243

　　　　　控制情绪　/　246

　　　　　不要省略"解释"　/　248

　　　　　分享自己的故事　/　251

　　　　　持续交流　/　252

　　　　　谈判，更有效地改变生活　/　256

致谢　/　257

注释　/　259

引言

我在沃顿商学院教授谈判课，在最近的一堂课上，我像往常一样让学生们进行配对组合，通过扮演不同的角色来进行谈判练习。例如，在一个 30 分钟的谈判练习中，一个学生扮演承包商，他被雇用为一个客户改造浴室，而另一个学生扮演因承包商几次爽约而感到不满的客户。这次，承包商总算如约赶到，不过他使用了错误的瓷砖型号。尽管这位客户挺喜欢这个错误的瓷砖型号，但她还是希望对方能给她打五折，而承包商不同意。

令我惊讶的是，布雷特和安杰拉这组搭档在 10 分钟后没有达成协议就返回教室了。学生的谈判练习陷入僵局并不少见，但是他们通常会充分利用这 30 分钟来寻求妥协的办法。

这学期到了这个时候，每个学生都形成了自己的声誉。扮演承包商的布雷特是一个竞争意识强、不惜一切代价取胜的谈判者。毕业后，他将去曼哈顿的一家银行工作，他总是显得那么信心十足。扮演客户的安杰拉并不那么强硬，而且在我的课堂上她总是更倾向于协作。她是一个很友善、很文静的人，这是她第一次在课堂上没有达成交易，所以我有点吃惊。

现实情况是，他们两个人都认为找不到一个可以不损害任何一方利益的解决方案，他们都认为这笔交易没有正和谈判区间——一个用于描述识别共同利益机会的术语，可以使双方找到共同点并达成一致。布雷特和安杰拉早早确认没有正和谈判区间，因此他们决定不浪费时间来回讨价还价，而是选择诉诸法律，这可是在谈判案例中万不得已才做的最后选择。

让布雷特和安杰拉惊讶的是，其他同学在时限快要到的时候陆陆续续都报告了可喜的交易成果。显而易见，这项工作有许多可能的独特结果，对承包商和客户双方都有意义。那么，到底发生了什么？布雷特和安杰拉错过了什么呢？

布雷特很沮丧，因为这个结果再一次证明了他难相处的名声。而安杰拉也很心烦意乱，因为她让恐惧和焦虑占了上风。她本来计划进入男性占主导地位的商业地产领域工作，并且也模拟过如何不向布雷特这样的人让步。当她第一次与布雷特配对练习的时候，她告诉自己："人善被人欺，强势谈判者才是最后的赢家。"

设想一下，当我们把一个竞争意识强烈、毫不妥协的谈判者和另一个"表现出"同样竞争意识强烈、毫不妥协的谈判者放在一起会怎么样？陷入僵局，一个双输的结果。

这并不总是发生在两个真正有竞争力的谈判者之间，当然，在真实的谈判场景中，以僵局告终的情况很常见。但是，如果你只是假装自己很强势，就不会得到自己最满意的结果，你必须拿出最好的状态、最真实的自己，才能得到自己最满意的结果。安杰拉就是这样，她装成一个不像自己的人——像钉子一样顽固，而不是使用她真实的力量，这就改变了这场谈判的态势。

我总是能看到这样的陷阱，像安杰拉这样在谈判风格上偏随和的人，经常尝试改变自己。他们试图表现得更加咄咄逼人，因为他们认为一个进攻型的谈判者往往能成为赢家，而好说话的人总是输家。他们认为自己必须非常激进，就像电视节目《创智赢家》*中的凯文·奥利里或者体育经纪人德鲁·罗森豪斯那样。他们把谈判失败归咎于自己不够强硬。这是一种合理的立场，源于人们世世代代形成的社会氛围，即如果你路遇恶霸，你得表现出比你本来更狠的样子。然而，一旦你这样做了，你就会忙于试图扮演另一种人格，以至于对谈判过程中的变化手足无措。过多的伪装会让你的思路变得不清晰，也会让你在当前的环境中迷失方向。其实，我们有很多种方法可以对付那些恃强凌弱的谈判者，其中最有力的就是了解你自身的优势。良好的谈判并不需要你装成一个狠人。

事实上，任何人都可以成为一个好的谈判者，无论他们的谈判风格或个性如何。如果你把没有达到想要的结果归咎于自己的谈判风格，所以表现出不同的个性，那么结果很有可能事与愿违。当精神高度紧张时，你应该回到自己最舒服、最容易被认可的状态——你应该更接近真实的自己，而不是更远离。也许你也会像

---

* 《创智赢家》是美国广播公司的一系列发明真人秀节目，该节目是一个提供给发明创业者展示发明和获取主持嘉宾投资赞助的平台。——译者注

安杰拉那样，假装咆哮，但是这并没有效果，因为你最终还是你自己。从表面上看，你表现出了一种分裂的人格，这就是陷阱的另一面。

过去15年里，我教过近5 000名学生谈判技巧。我在沃顿商学院给本科生和研究生上课，也在高盛的"10 000家小企业项目"［类似于面向小企业主的EMBA（高级管理人员工商管理硕士）项目］中给企业家授课。我还去过很多城市上课，经常去的有新奥尔良、底特律、纽约和普罗维登斯等。我教过开罗的女性、银行高管、中国的房地产投资者、护士、NFL（美国国家橄榄球联盟）球员和体育经纪人。当我谈到真正认识你自己和在谈判桌上表现真实自我的重要性时，大多数人看起来都很困惑，我在总结布雷特和安杰拉的谈判练习时，也强调了这一点。"认识自我和谈判有什么关系？"他们有时会大声地叫嚷着，"我们这是谈判课，不是心理治疗。"

我向他们保证，也正如我向你们（我的读者）保证的，这是一本关于谈判的书，只是它看起来和你们想象的有点不一样。我在课堂上特别提出四条原则，这四条原则我也会在后文反复提及。

谈判原则一：
重视情商

谈判，专业定义是"为了达成协议而进行的讨论"。这一定义隐含了一大堆"软"技能：在讨论中你如何沟通？为了达成协议你会付出哪些努力？当然，有些谈判会涉及大量的复杂计算，但如果你不了解自己的个人优势和盲点，不能真正理解对方的观点，或者不能在沟通过程中形成积极的联系，就算你是世界上最伟大的数学天才，也可能搞砸一场谈判。如果没有情商，那么智商也就没有什么价值了。

谈判原则二：
了解自身价值

我在课堂上花了很多时间来讨论自我价值在谈判中的作用，并且这一相关性再怎么强调也不为过。曾经有人在课堂上问："与一个缺乏自信的人相对的是什么？"另一个学生喊道："自恋狂。"我觉得这个答案很能说明问题，答案难道就不能简单的是"一个有自信的人"吗？难道自信不应该是一种常态，而不是对他人的贬低吗？

当我们不相信自己的价值的时候，我们就看不到自己的力量，也就不能理解我们具有的影响力，不能充分发挥我们的潜力进行谈判。花旗集团和美邦银行的前主管萨莉·克劳切克就是这方面的一个绝佳例子。作为华尔街高管层屈指可数的女性，她本可以淡化自己与同事的不同之处，或者将其视为一种劣势。但恰恰相反，她写了一本书——《勇气》，讲述她是如何从工作中找到力量的。她看事情的角度之所以与其他人不同，就是因为她是女性。性别给了她优势。

自我价值感是深入谈判的关键部分，但它仅仅是一个开始。谈判是一个镜头。通过这个镜头，人们认识到他们需要变得更好，需要更多在场的倾听者；通过这个镜头，人们认识到自己过分的自我正在伤害自己，而不是帮助自己；通过这个镜头，人们与过去的伤痕进行抗争，并了解为什么他们这么快就做出阻碍自己前进的假设。这是他们探索道德和价值观的方式。谈判是人们增强同理心的一种途径，这在任何艰难的对话中都是一笔巨大的财富。当我的学生通过这种视角看待自己的人生时，他们会更加理解自己，他们的人际关系得到了改善，他们在职场甚至个人生活中都获得了更大的成功。我教过的学生中恰好有一对夫妻，他们告诉我这门课挽救了他们的婚姻。

　　在我的谈判课上，有些人或者个别人会变得非常情绪化，甚至泪流满面，这是很常见的场景。但应该指出的是，这并不是因为我。我不是一个以贬低他人为乐的可怕的老师，但我也不是温暖拥抱的化身。我非常关注自己的课程进展，并督促我的学生充分发挥自己的能力，毫无疑问，这种体验的强度会让人感到惊讶。但这只是人们对谈判的诸多误解之一，他们认为谈判是缺乏感情的、没有人情味的。而我了解到的事实正好相反。我教过不同年龄段和不同性别，有不同经历的学生，我了解到谈判总是一个意义深刻的话题，与人口统计学无关。谈判触及自我意识的核心、我们所认识的自己，以及我们担心什么。这就是为什么它有如此巨大的潜力来教导我们。

谈判原则三：
谈判无处不在

当我们还在蹒跚学步的时候我们就会谈判，我们会通过发脾气达到自己的目的。当我们考虑在临终进行医疗干预的时候，我们也会谈判。我们和自己的孩子、父母、姻亲、下属、邻居、老板、医生以及发生联系的每一个人进行谈判，我们甚至一直在和自己谈判。在理想情况下，随着生活的继续，我们会变得更擅长谈判，在谈判中更加自如，我们会明白谈判在我们所做的几乎所有事情中都扮演着重要的角色，而且它是非常个性化的。

当你与另一个持相反看法的自己进行对话的时候，这就是谈判；当你的孩子到点了却不想上床睡觉的时候，这就是谈判；当你想让你的狗回家，它却还想在外面玩的时候，这也是谈判；当你在犹豫是否要接受一份新工作并列出利弊的时候，这也是谈判——甚至是在你开始谈论薪水之前。谈判是我们发声的平台，是决策、沟通和开启批判性思维的过程。这就是人生，我们在谈判中越自在，我们对自己的技能就越自信，我们就越相信自己的价值，我们也就越满足。

谈判原则四：
人人皆可成为优秀谈判者

我的学生，无论男女，总是有人说："我是一个糟糕的谈判者。""我是一个很容易被打败的人。""我害怕艰难的谈话。""我不喜欢谈判,因为我不喜欢冲突。"长久以来,人们对优秀的谈判者总有一种刻板印象,认为他们看起来应该像布雷特那样:自信、好斗、有点圆滑。这就是为什么安杰拉——一个善解人意又安静的人——认为自己注定要失败。如果我在本书中没有取得其他成就,至少我希望能一劳永逸地为读者消除这种误解。真相是那些具有深刻同理心的人能够成为优秀的谈判者,事实上,我所知的最优秀的谈判者就是这样的人。内向的人可以成为优秀的谈判者,对这一点我非常清楚,因为我自己就是一个内向的人。讨厌任何形式的冲突的人也可以成为优秀的谈判者,因为当他们意识到谈判主要是为了解决问题时,他们就会爱上谈判。此外,并不是每个自认为擅长谈判的人都是真正优秀的谈判者。像布雷特这样的人也会有阻碍其达成满意交易的盲点,也许他们的过度自信使其没有为谈判进行充分的准备,或者他们的这种好斗的名声使他们失去了某些机会。关键就在于,你要了解你自己,了解你真正的优势,然后把它发挥出来。

* * *

和我教过的每个学生一样,我与谈判的关系也是持续一生的。

1978年,伊朗革命期间,那时我还是一个小女孩,搬家到了美国。我的父母维持着一个传统的家庭,我被期望在其中扮演一个尽责的角色。当我的父母、兄弟姐妹和我之间出现分歧的时候，我们不是通过合作而是通过激烈的交流来解决分歧的。每个人都站在自己的立场上，如果谈话带有政治色彩或涉及人生选择，我们往往会争论到筋疲力尽。我们并不会经常通过辩论来解决分歧，我认为我们只是在表达自己的意见，即使结果只是留下一个悬而未决的争端。虽然没有什么乐趣或效率，但这就是我们沟通的方式，所以在这个过程中，我学会了选择自己的战斗方式。

在我有限的家庭圈子之外，我最难忘的谈判经历发生在我在加利福尼亚州奥克兰市的一家艾滋病教育、预防和推广组织工作时。当时艾滋病或者说人类免疫缺陷病毒非常猖獗，我们难以接触到的非裔美国人和拉丁裔妇女、青年以及与同性发生关系的男性所受到的影响更大。

我们试图去接触那些边缘化的人。我们的工作卓有成效，这得归功于一个事实：我们去他们生活的地方，在他们的地盘上与他们沟通交流，并提供文化上恰当的、不带偏见的服务和教育。我们了解我们服务的人群，尽自己所能帮助他们，无论他们需要的是热的食物、经济上的奖励还是医疗保障和住房申请。我们没有攻击性，也没有批判性，我们抱有同理心并且尊重他们。

我的一些最有价值也最有挑战性的谈判经验正是来自在那个组织工作的经历，那可不是你通常见到的谈判场景。说服高危青年接受人类免疫缺陷病毒检测，让他们相信安全的性行为意味着生与死的区别，这些都是非常特别的谈话。我的谈话对象在那一刻来到我面前，他们与我过着截然不同的生活，但我记得当时我是多么想了解他们和他们的选择，不是出于谴责，而是希望获得他们的信任，这样他们就能相信我是真的想帮他们。我当时才21岁，正试图说服陌生人去做他们真的不想做的检查，面对他们真的不想面对但令人忧虑的问题。简而言之，这是一次谈判速成班。

我永远不会忘记某一天和一个少年的对话，他还未满18岁，不使用避孕套。当我向他解释感染人类免疫缺陷病毒的风险时，看得出他并不相信我。"如果我感染了人类免疫缺陷病毒，我还能活多久？"他问。我很疑惑地看着他，他又问了一遍："如果我感染了人类免疫缺陷病毒，多久会死？"

我记得我告诉他，就像我告诉其他问同样问题的人一样，"每个人的情况都不一样。一般来说，如果不进行有效治疗，从感染人类免疫缺陷病毒到病发需要5~10年的时间"。换句话说，我非常专业地回答了他的问题。但对方的反应却让我措手不及。

他只是耸耸肩，轻描淡写地说："哦，那时间挺长啊。也许我明天走出家门，就被一枪打死了呢。"

那时我才明白，只有当我真正理解这个少年的生活，站在他的立场上思考问题的时候，我才有可能说服他。我不能对风险做出任何哪怕是最基本的假设。这是我永远不会忘记的一课。

从在草根群体中普及人类免疫缺陷病毒知识，到在沃顿商学院教授谈判课程，这些年我的生活和我的教授同事不太一样。虽然我拥有MBA（工商管理硕士）学位，但我的工作并不专注于国际贸易中介，而是经营自己的公司，从工作中我学到了许多商业技巧，还在公司担任多样性和包容性（D&I）方面的顾问。多样性和包容性与谈判看起来似乎并不相关，但其实它们的联系非常紧密：人和人是不同的，所以才会有个体之间的价值差异，为了揭示并受益于这些差异，你必须有说服他人的能力，并且在进行有效谈判的同时，展现完整且真实的自我。

　　后来，当我开始教授谈判课程的时候，我明白了谈判还有更多的内容。于是我把我的班级当成一个培养皿。课程是体验式的，就像本书的开头那样，我会让学生进行模拟谈判，把我刚刚教给他们的理论付诸实践。当他们回到教室后，我会把每个人的表现和结果投影到屏幕上，这样所有的同学就可以一起观看了。作为学生，你可以立即看到自己与其他被分配到相同角色的人相比表现如何。但是当我们审视结果的时候，大家会发现，一个有利的好的结果并不一定意味着胜利。我设计这个环节并不是为了羞辱任何人，而是为了更直观地呈现整个过程。这种方法使人们感到自己完全被暴露出来，而其中呈现的种种弱点如果能得到有效的展现，就会促使人们表现出不寻常的，甚至出乎意料的坦率。

　　在我听取学生的简要汇报时，我注意到我的学生也碰到过类似的困难，而且故事本身比数字显示的要复杂得多。我不断地刺激他们，以便分析并更深入地理解他们。有些人对自己的要求不高，我能看到他们的要求和他们对自己的感觉之间的相关性。其他人则像安杰拉那样，会去"尝试"扮演不同的角色，他们认为自己需要表现得强硬，这样他们就能在谈判中做得更好，但这很少奏效。我注意到，这些年来我的学生是如何一步步分散自己的注意力的，以及他们是如何一步步丢掉那些可能会影响谈判结果的关键信息的，因为他们不能把注意力集中在自己的谈判对手身上。我还注意到，在课堂上，很多人把谈判视为争夺输赢的战场，而不是一场达成双赢的对话。

随着我更多地关注到学生的倾向，我开始改变自己的教学方式。我依然会谈论一些标准的概念，比如使用数据来设定目标的重要性，但我更加关注大家从数据中看到的故事，以及原因。我的课堂气氛变了，学生们开始更好地去了解彼此，在彼此面前也表现得更加坦诚，并且改变了一些阻碍他们前进或者会引起麻烦的习惯。尽管有些谈判教授会根据学生们在模拟谈判中的结果来对他们进行评分，但我认为还有一种更好的方法——更关注谈判过程的方法。

当学生们谈论起我的谈判课时，他们往往会说："哇，这跟我预想的一点也不一样。"我明白，这也和我预想的不一样。事实上，我也不知道自己期望的是什么——这就是为什么当有人称我为"专家"时，我会感到有点不自在。我认为自己不可能成为"谈判专家"，因为我对谈判的理解每天都在变得更加丰富，更加细致入微。其实我们每个人都是这样的。

* * *

在本书中，你不会看到很多理论或者示范性的建议（很多书都提供这些内容，并且做得很好）。你将看到的，部分也是我的学生要求的，是场景——在我们生活中许多谈判的表面之下策略的实际应用。

本书的第一部分深入探讨了是什么让我们在谈判中陷入困境，包括那些最常见的模式。第一章主要讲的是我们对自我价值的描述，以及这些描述是如何影响我们的，无论是当我们想请一天假还是要求升职的时候。在第二章，我将着眼于当被喜欢的需要干扰了我们维护自身利益的能力时，将会发生什么。第三章会讲述那些痛苦的经历是如何影响我们与自己和周围世界的谈判的。而第四章将讲述人们太过于频繁地关注他们想要的东西，却忽视了他们应该如何得到它。

本书的第二部分将对话向前推进，超越那些阻碍我们的因素，走向我们大多认可的因素——甚至更进一步。有效的谈判者的目标是获得比最开始的计划更多的东西，并且让每个人都各有所得。

第五章、第六章和第七章是一套组合拳，因为其中涵盖了开放性思维、同理心和在场感等综合技能。你要带着好奇心开启每一次谈判，开诚布公地交换信息。当你表现出真正的兴趣和能力时，你就可以更多地了解对方的想法，而不是将这场谈话仅仅当作一场交易。同理心能让你理解别人为什么要这样做，即便你的观点与对方截然不同。在场感也非常重要，你必须专注于眼前发生的一切，才能读懂对方的暗示和线索，它还能让对方相信你是真的对他们和他们所说的话感兴趣。

开放性思维、同理心和在场感能让我们解决我在第八章中谈到的问题，即对让步进行分类，假设这个馅饼足够大，我们每个人都能分得一块。

在第九章中，你会发现从第一章到第八章的原则最终阐述了这样一个观点：当你真正了解自己的能力时，你就拥有了影响力——这比谁能带来更多的钱或资源更有意义。

结语部分，我将把讲过的所有内容都应用到我们民主的雷区上。因为在一个国家中，或者说在一个冲突不断的世界中，我们比以往任何时候都更迫切地需要找到解决问题的方法。

在本书中，你会读到我的学生们的故事，以及他们如何像我一样努力地与父母的期望进行谈判，同样你也能了解到橄榄球明星也在非常努力地传递他们的价值。你会读到中年父母照顾孩子的故事，以及20多岁的年轻人想要了解自己的故事。你会读到像纳尔逊·曼德拉这样的谈判高手的故事，也会读到像萨拉·法尔扎姆这样名不见经传的小企业主的故事。通过这些故事，你会很清楚地认识到，我们都在为同样的事情而奋斗——很明显的是，我们与谈判的斗争始于我们与自己的谈判。

第一部分

谈判困境的根源

所想即所得。

——拳王阿里

01

第一章

降低自我价值感

我人生中最重要的谈判就是与自己的谈判。

一开始我的手有点麻,但我没有时间去处理这种小麻烦。那是在 2010 年,我正处于创业最紧张的阶段。我不仅要写一份大订单的提案,还要决定我是要挽救这家陷入困境的公司,还是撒开手往前走。我手上的麻木感只能等等了,但是当我提交提案后,麻木感加剧了,我想我必须去看医生了。我想起了 8 年前我得的视神经炎(表现为视神经肿胀),当时医生说这可能是多发性硬化症的征兆,不过后来我们排除了这种可能性。麻木的双手似乎是另一个征兆。否认和回避是一对很诱人的伴侣,但知情总比不知情好,因此我做了磁共振成像,并被转诊到一位神经科医生那里。

给我诊断的神经科医生非常实事求是。我只记得我被告知得了多发性硬化症,需要立即注射类固醇来缓解麻木感。虽然我表面看起来像一块石头一样坚强,但内心却恰恰相反。在接下来一周左右的时间里,我的皮肤出现了严重的问题,胃口也很差。我最好的朋友正好来看望我,并帮助我进行了最初的治疗。我感到脆弱且无助——这是两种我一直与之激烈斗争的情感。现在回想起来,我当时是多么痛苦,多么害怕面对现实。在我的想象中,得了多发性硬化症的人只能坐在轮椅上,行动能力和独立性都非常有限。我不知道这个诊断对我来说意味着什么,也不知道我的未来会是什么样子,我害怕有一天自己无法生活自理,只能依赖别人来照顾我的基本需求。在对多发性硬化症缺乏了解的情况下,我在这个脆弱的时候陷入了自己吓唬自己的恐慌中。我收集的信息只是证实了我的恐慌,并且拒绝接收其他信息,我受困于自己,成了自己最大的敌人。

但是,情况很快出现了好转。我搜索到了最专业的护理信息,并且幸运地预约到了一位华盛顿最好的神经科医生。他握住我的手并表示欢迎,我感觉自己好像被一条围巾包裹了起来。我在他的眼中看到了同情与仁慈,这让我一下就有了安全感。与这位医生在一起,我觉得非常安稳,我坐在他旁边,同时他给我看电脑屏幕上的磁共振成像。他不厌其烦地向我解释我的病情,很快就让我把在网上收集的可怕信息抛在脑后。"我的工作是创造可能性,"他解释说,"而不是限制它们。"他告诉我,他将竭尽所能确保我恢复健康,并且避免复发。但他同时也清楚地告诉我,他建议的治疗方案强度很高。"我宁愿激进一些,"他说,"因为我希望你能一直像现在这样健康。"

他指出了我那些仿佛世界末日般的叙述中漏掉的一个关键问

题:"如果你确实在 8 年前就有过第一次病发,而且在那之后你没有接受过任何治疗,也没有复发,这本身就说明了一些问题。你所践行的健康生活方式,无论是坚持锻炼,还是良好的饮食习惯,都有助于你的身体健康。仔细想想,真的很神奇。"

这就是当时发生的一切,也是我一生中最大的"顿悟"时刻。这位医生让我认识到,我要改变这个认知,对自己有一个更真实的认知。我的整个精神状态都变了。几周以来,我第一次感觉找回了原来的自己。我感觉自己强大、坚定、专注,并且非常健康。这种变化是如此明显和直接,几乎就像一场灵魂出窍般的体验。

就像我向我的学生们解释的那样,我必须直面我眼前的信息,并掌握如何衡量它。这位上帝派来的神经科医生是对的,我已经 8 年没有出现症状了,这真是太神奇了,但是我为什么这么快就否定了这个事实呢?

从那一刻起,我有了一个非常清晰的认识。是的,我患有多发性硬化症,这不会改变,但是我很健康,我的诊断实际上是一份礼物,它帮助我优先考虑我的健康。在企业管理者身上,工作和生活有时是不可能做到平衡的,但我从来没有把健康放在次要位置上。8 年后,我仍然没有出现症状,甚至我可能比以前更加健康、身材更好。而且我经常忘记自己患有多发性硬化症。体能上没有什么是我做不到的,我逼自己达到的极限有时会让我自己都感到惊讶。事实上,我的一些朋友、亲戚、同事和学生如果读到这里,一定会感到震惊,因为他们以前都不知道这件事。我一直没有告诉大家我患病的事，因为我不想让它限制我，或者影响人们对我的看法。我的医生告诉我，考虑到距离上次生病已经过去这么长的时间了，他希望我能继续保持这种健康的状态。在很多方面，我都保持着自己的最佳状态，无所畏惧并且坚定不移。是希望和可能性深刻影响了我，而不是恐惧。在2010年那个决定性的日子，我告诉自己，认知不再改变。

在我教授谈判课的过程中，我为我的学生扮演的角色和这位神经科医生为我扮演的角色是一样的。我经常在学生们感到脆弱和犹豫的时候遇到他们，并且从他们那里听到各种各样的描述：他们是自己所在领域资历最浅的人，无法与别人竞争；他们是唯一的有色人种或唯一的女性；他们"只是"一个理发师或厨师而已。他们从未质疑过这些，也不指望我的谈判课能教他们这样做。到现在，我最常听到的说法就是他们不相信自己的价值。就像我的神经科医生一样，我问他们："你为什么相信这些？你为什么看不到我看到的东西？让我们看看所有的事实吧，让我们一起去创造各种可能性。"

* * *

那是一个阳光明媚的下午，在巴尔的摩，高盛的"10 000家小企业项目"的前两批学生的毕业典礼彩排正在如火如荼地进行着。这个项目是由高盛投资发起的，旨在帮助企业家发展企业和增加就业机会。除了我的课堂授课部分，学生们还有机会获得投资和一些非常宝贵的资源。即使我不为这个项目授课，我也会是它的超级粉丝。在我到达巴尔的摩的那天，学生的脸上挂着轻松的笑容，他们兴奋地与家人讨论着第二天的毕业典礼。由于他们在参加学习的同时还有全职工作要做，所以能顺利毕业并不是一件容易的事情，他们完全有理由来一场狂欢派对放松一下。

在彩排现场外面，我碰到了我的学生达娜·西科。她是一个精力十足的人，脸上总洋溢着微笑，给人一种乐天派的印象。她拥有一家餐饮公司和一家果汁公司，就像她的饮料的口味一样，她的能量不受包装大小的限制。但是那天下午，她看起来却不一样。她看上去有些羞愧，甚至有些焦虑——更像一个柔弱的小姑娘，而不是令我印象深刻的那位能量十足的女性。她的举止和彩排时的狂欢截然不同，也与我熟悉的那个达娜形成了鲜明的对比，所以我上前看看到底发生了什么事。

我们熟络地聊了几分钟，她似乎有些心不在焉，一副强颜欢笑的样子。于是我开始聊起我们都很感兴趣的一些事情，比如果汁排毒法。

"我对果汁非常在行，你知道吗？"我说。一直以来我都非常注重养生，并且自认为是一个鲜榨果汁方面的行家。

"哦，"她说，"我不确定我是否知道。你最喜欢哪种果汁？"

我列举了一两种，然后说："不过我最喜欢的是贡达洛（Gundalow）生产的一款果汁。"

她礼貌性地点点头，但好像根本没听到我说了什么，大概过了一分钟，她才惊讶地说："等等，那是我的公司。"

"我知道。"我回答。当时我想："这个女人疯了吗？难道她不知道自己拥有多么棒的公司吗？"

后来我才知道，达娜很担心贡达洛，这家公司当时正面临着一系列挑战，她不知道公司能否继续经营下去。她没有为即将到来的毕业典礼而高兴，相反她觉得自己像个骗子。那天在我遇到她的时候，她正想象走过毕业典礼舞台和假装成功人士是一种什么感觉，而她确信的是，她自己并不成功。

这种叙述——而不是关于公司的实际数据——对贡达洛来说是一个非常现实的威胁。达娜正在为投资者做远景预期规划，需要决定他们的销售重点放在哪里。她可以专注于公司过去不太成功的那一年，或者公司之前飞速发展的那一年，她也可以考虑后勤方面的障碍，这些障碍曾经阻碍了公司的发展，但现在都已成为过去。改变我们内在的想法并不意味着给自己强加一个虚假的人格，在缺乏自信的时候虚伪地假装自己很自信。它意味着我们要切切实实地保持自信，要去挑战之前所做的一些假设，并查看之前我们面前的所有信息，而不仅仅是那些看起来很糟糕的信息。对达娜来说，那天确实是心情低落的一天。但是在综合自己的投资预测之前，她重新校准了自己的判断，并吸纳了她在课堂上学到的指导性内容。她考虑了更广泛的实际情况，而不仅仅是困扰她的那些事，最后形成了一个完全合理的乐观叙事。

自我怀疑

在谈判中，我们可能是自己最大的敌人，因为那些我们对自己的描述，往往会低估我们的价值。

我这样说，并不是站在道德制高点上说教。事实上，我曾经给了自己很多对自我价值毫无帮助的描述。这些年来，我一直有一位商业上的合伙人，他比我年长，也比我更有经验。在我们合伙做生意之前，他是我职业生涯早期的导师，因此我非常尊重他。生意好的时候，我们在决策上的差异并不明显，但当我们遇到重大的发展障碍和财务风险时，我们在处事方法上的差异就显现出来了。在那些艰难的日子里，我身负债务重担，为即将进行的裁员感到内疚。我忧心忡忡，一个人承受着责任的重担，而我的合伙人，他多年的经历使他对这一切不以为意。当我们对责任有完全不同的感觉时，很难对如何履行我们的财务承诺达成一致意见。

我听取了他的意见，而不是坚持自己的想法，因为我告诉自己：我还有很多东西要学。我不自信，年轻又天真。我本可以告诉自己："是的，他在某些领域更有经验。但我有敏锐的直觉和智慧，而且是我负责引入启动资金来开展我们这项业务的。"当然，我不可能把每件事都做对。例如，事后看来，他在不承担员工的经济负担这一点上是绝对正确的。当我回顾自己作为年轻创业者的那段时间，我很遗憾没有充分利用好自己的权力。

从达娜的那种困扰的神情中，我看到了我自己，我想帮助像达娜这样的学生避免陷入自我怀疑，这种自我怀疑曾在我生命中的许多时刻困扰着我。如果我不能为学生提供一条克服它的捷径，至少我希望能够帮助学生认识到他们的自我怀疑，审视它，以便他们能想出解决它的办法。因为如果这是他们对自己的认知，这正投射出了他们的不安全感。这就是我常常对学生所说的：你不能贬低自己——那样别人也会经常这样对你。

我班上有一名叫金的女生，她说明显感到自己缺乏自信，她一直为自己没能在谈判中"坚持自己的立场"而自责。然而，在见到金本人之前，我就看得出她身上有一种吸引力。在我为这门课做准备的过程中，她的照片引起了我的注意。她的脸上带着一种威严的笑容，从这个笑容中我看到了她的自信和从容。后来，当我们谈到她内心的不确定时，我说："我想告诉你在我还没有见到你之前，我是怎么看你的。"仅仅是听到自己在照片中的形象——坚强又威严——她就哭了起来。这正是她想要的感觉。她明白，她需要在课堂上做的工作与计算、装腔作势关系不大，更多的是与她相信自己的价值有关。

这绝不是我唯一一次和别人有这种交流，相反，这种交流非常常见。当我用赞美的方式去观察一个人的时候，就会触动他们的神经，他们会变得非常激动。在最近的一次见面中，我问一个学生为什么她把开场白的姿态放得那么低。"也许我不了解情况。"她说。她停顿了一下，然后补充说："也许我不配得到更多。"

我知道她是一个成功的女商人，因此，我问她："你不是有20年管理公司的经验吗？谁能比你做得更好？为什么你觉得自己不配呢？"

"我希望我能回答你的问题，"她说，"但我就是觉得自己不配。"

为了避免你认为这是一个针对女性的问题，请注意，我在男性身上也看到了同样的问题，包括那些最典型的男性——NFL 球员。我和他们一起工作过，当他们要离开 NFL 的时候，他们对未来的展望也充满了恐慌和不确定。

他们中的许多人都是受人尊敬的高中和大学运动员，当他们离开赛场后，却不得不给自己加油鼓劲，这也许是他们人生中的第一次。这是一个孤独又可怕的处境，而孤独让他们更容易成为自己最大的敌人。自我怀疑的时刻悄然而至，内心的敌人正在利用它。

"我没有打球以外的任何经验，"他们说，"这是我所擅长的事情，也是我所了解的一切。"

我们这些和运动员一起工作的人对此却有不同看法。加入团队本身就是一种非凡的工作经验。这些运动员不觉得他们的技能可以应用到更广阔的世界吗？比如，遵守纪律、合作精神、毅力、适应能力、记忆复杂动作的能力、观看并分解数小时纪录片的能力、职业道德等。无论他们是想进入职场还是自己创业，都与他们为自己所擅长的"一件事"所做的一切准备息息相关。他们只是选择性地把这些技能从他们对自己的描述中删掉了。

我们对自己的描述塑造和定义了我们，也影响了我们与周围世界的谈判。当你明白这个道理时，你就会发现它无处不在——在你的课堂上，在你的同事中，在你看的电视节目中。我最喜欢的关于这个主题的电视剧是《了不起的麦瑟尔夫人》，这部电视剧的女主人公米琪·麦瑟尔看起来就是注定的女主角。她是 20 世纪 50 年代生活在纽约一个中上层阶级家庭的家庭主妇，扮演着那个年代的妻子应该扮演的支持性角色（包括在丈夫睡着之前不卸妆或卷头发，以免破坏完美的形象）。当米琪的丈夫宣布他有了外遇并要离开她时，米琪的故事似乎仍然如我们所预想的那样：她应该保持外表的整洁直到丈夫恢复理性，然后她应该争取让丈夫回心转意。但是，她想要的更多。她意识到自己能做的更多。她风趣又聪明，她想当一个脱口秀演员。她不想被生活中的障碍或者她所处时代的传统定义。她的自我描述从"我是一个无私奉献的母亲兼家庭主妇"，变成了"我是一个无私奉献的母亲兼家庭主妇兼喜剧演员——没有什么能阻止我"，然后又变成了"没有什么能阻止我"。

电视剧让这一切看起来很简单，角色的发展被压缩到一季 8 小时。但毫无疑问的是，事实肯定并非如此简单。给自己一个正确的描述实际上是复杂而混乱的，虽然很有必要，但也确实很难。这是自尊、自我意识和与冒充者综合征[*]斗争的综合。关于自我价值的描述也不是那些在塞多纳[†]和其他地方为瑜伽精修而设立的"Kumbaya"[‡]或者"爱自己"的课程。这是一个非常实际的问题，它与我们的谈判方式息息相关。如果是自我怀疑驱使我们进行谈判，那么谈判结果甚至在开始之前就已经决定了。你对自己的描述越自信，你就越不容易受到质疑。我们对自己的描述

---

[*] 冒充者综合征，主要指的是一种认为自己不像别人认为的那样有能力的内在体验。——译者注
[†] 塞多纳位于美国的亚利桑那州，是瑜伽圣地。——译者注
[‡] "Kumbaya"是非裔美国人的一种宗教音乐，类似于圣歌或者赞美歌，可以被译为"欢聚一堂"。——译者注

可以决定结果是好还是坏，决定是上台还是下台回家。

期望越低收获越少

有一类谈判者我认为可以叫作"差不多"人，他们不设定理想的目标，只打安全牌，当他们的所得（不可避免地）变少时，他们也能接受。"差不多"人很难被发现的原因是，他们从来不解释自己的思维过程，他们永远不会说："差不多就行了。"相反，他们为自己辩解，说他们没有有利的数据来支持一个更高的诉求，或者他们只做符合道德的事。他们的理由多种多样，但隐藏在背后的原则是：平庸的就是好的，差不多就行了。

沃顿商学院的毕业生萨姆就是这样的人。他总是认为多一事不如少一事，虽然他通常会在模拟谈判中达成协议，但他从来没有谈成一个好的结果。在一次课堂练习中，他扮演了一套公寓的卖家，从这套公寓向外看，可以看到一个非常漂亮且罕见的水上景观，这是它最大的卖点。但是这栋建筑需要更换新的外墙板，这意味着所有的业主都要分摊一笔高额的"特别评估费"，并且要忍受几个月烦人的施工。

萨姆的底价是 30 万美元，和我采用的其他练习一样，学生们有足够的信息做出可靠的估值。萨姆认为，如果这套公寓的卖出价低于 30 万美元，那他就亏大了。他的开价是 32.5 万美元，此外，他花了很长时间解释特殊评估是如何影响到每一栋公寓楼的，而且从长远来看，这项评估的花费并不算多。买家简的出价要求低于 29 万美元，结果萨姆妥协了。"你为什么要费力做这笔交易呢？为什么不等等看有没有其他买家呢？"在课堂上复盘谈判过程的时候，我对萨姆说，"你本可以一走了之的。"

下课后，萨姆看起来很沮丧，我问他是否愿意谈谈这件事。"看轻自己的价值对我来说是一个反复出现的问题，不是吗？"他问。我不得不同意，萨姆无论什么时候卖东西，都是贱卖。他的问题总是一样的：在谈判中他不能坚守自己的价值，所以他的所得都是"差不多"。

萨姆这样的学生在准备案例的时候，并不关注如何利用已有的信息来达到理想的目标（这套公寓有这么美丽的视野景观）。相反，他们把时间都花在了寻找谈判中的漏洞上（特别评估和施工），并且想知道对方会怎么想。"考虑到公寓有自己的问题，我怎么能要高价呢？""我是不是太贪心了？""我怎么才能知道公寓的合适价格呢？"自我怀疑开始蔓延，结果就是接受安全的交易或者任人出价。

当我们汇报练习情况时，萨姆如我所料地说没有足够的数据支持他的要求，他无法证明更高的价格是合理的。"好吧，"我说，"我们一起来看一看。"我们一起梳理了他提前拿到的数据，数据显示同一社区的公寓售价在 35 万～40 万美元。"是的，"他说，"但是它们的面积更大。"这是一个强有力的"诊断"时刻。这就是困住萨姆的地方，也发生在那些一直质疑自己价值的学生身上。他们只抓住一两个会削弱他们立场的数据不放，而不是花时间去确认和寻找方法来证明一个更高的要价是合理的——他们有同样多的信息可以支持这样的要求。

萨姆的开价是出于可能招致另一方评判的恐惧，以及害怕名誉扫地。而那些有更健康的自我价值感和对自身假设有信心的人恰恰相反。他们首先会确定自己的价值和资产优势，然后形成论据来说服对方。他们确实也会考虑反对意见，但这并不是他们首要考虑的因素。这种思维顺序产生了巨大的差异。他们不是从惧怕和软弱出发，而是从自信和自己的优势出发。

萨姆看着其他学生进行练习，他发现那些能把这套公寓卖到32万美元甚至更多的卖家总有合适的理由来解释为什么这套房产值这么多钱，比如它可以看到漂亮的风景或者它铺设了硬木地板。看到这些，他说："哦，我只是没有想到这些方面。"

萨姆的认识从课堂开始，但不会就此结束。售出这套公寓只是一次练习，与他的日常生活无关，但这一课与他的课外习惯有关。我们做的每个练习几乎都是如此，这些都是非常好的学习机会。低估自己，根据别人的刻板印象或看法来怀疑自己的价值，都是破坏性的。理想的开价有一个前提，那就是建立一个真正强大的、数据驱动的目标，你可以用一个雄心万丈的、有说服力的价值主张在逻辑上支持这个目标。有了这样的心态，你就可以更容易地与对手沟通，也更容易坚守自己的立场。

在潜意识中降低自身价值

其实我们在很小的时候就开始形成我们对自己的描述了，然后我们倾向于把这些描述保持下去。看看下面两个临时保姆的故事就知道了。

詹娜问她 13 岁的邻居马德琳是否可以照看她的两个女儿一下午。马德琳说可以。詹娜问马德琳每小时收多少钱，她想确保手头有足够的现金。"我不知道，"马德琳尴尬地说，"您觉得多少钱合适就付我多少。"

"其他孩子的父母付给你多少呢？"詹娜问。

马德琳耸耸肩说："一般他们想给多少就给多少。"马德琳脸红了，盯着自己的鞋子，示意自己不想谈钱，赶紧结束这段对话吧。

在这个场景中，马德琳让别人来定义她的价值。她可能会想："我才 13 岁，我知道什么？"但是，她知道的东西足够让她来照顾詹娜的孩子，这就已经说明问题了。

与此形成对比的是詹娜的另一个临时保姆——唐。在一周内，唐每天下午都会照看詹娜的两个女儿。她在这周开始前就谈好了价格，解释说这是"13 岁临时保姆"的市场价，然后她还补充说自己在附近的一家医院上过保姆课程。周末，当詹娜付钱给唐的时候，她说："你少给了我 5 美元。"唐的妈妈当时正好来接她，妈妈感到很惭愧，并立刻替女儿道了歉。

詹娜告诉唐的妈妈别这么说，并慷慨地给了唐小费，她很高兴看到一个年轻的姑娘这么自信。

我不想对 13 岁的孩子太严格，他们已经受到了足够严格的教导。但是这些 13 岁的孩子之后会变成 22 岁的年轻人，他们会申请实习，得到一份入门级的工作，然后在公司的阶层中一步步往上爬，成为高管。了解自己在经济中的价值对他们来说是至关重要的，在他们成长的过程中调整自己的价值认知也是至关重要的。注意，我说的不是资格。一个 22 岁、没有任何工作经验的人没有资格得到一份管理工作，就像唐没有资格得到一份每小时 20 美元的临时保姆工作一样。你需要承担得起这份工作，但是你必须从了解你的价值开始。在这里，唐有信息支持她的要求。她知道市场上临时保姆的价格，也知道自己能做什么。在 13 岁的时候，她就知道自己的价值了。

我有一个学生名叫萨拉·法尔扎姆，她在 24 岁的时候创立了自己的公司"双语鸟"——一家通过教孩子唱歌来学习语言的公司。"刚开始的时候，"萨拉说，"家长们送孩子过来时会问：'是谁在经营这家公司？'我会说：'嗯，是我。'"

萨拉说，任何一种谈判都会让她充满恐惧。"我害怕说'不'，因为我不知道自己的价值是什么。"毫无疑问，和她谈判的人也能感觉到这一点。于是她去了 SCORE —— 一家为小企业提供免费咨询的公司，和她搭档的是一位资深高管导师，也是一位经营着一家软件公司的年长男性。

"我穿着我那件 Forever 21[*] 的衣服去见他，"萨拉说，"我问他：'在见面时，你是怎么谈论钱的？'然后他说：'什么意思？你就直接说啊。'我说：'我做不到。'"他一边随意地把一个小球

---

[*] Forever 21 是美国年轻人喜爱的快时尚服装品牌。——译者注

扔进办公室的篮球筐里，一边说："你要做的就是告诉对方'我的费用是 1 000 美元'或其他之类的话。"

萨拉心想："这个人和我来自不同的星球啊。他无所畏惧。在这一过程中出现了一些脱节。他是如此自信，而我肯定做不到像他那样。"

我无意冒犯 SCORE 公司的这个人（好吧，他确实也有问题），很显然，他没有理解萨拉的问题，那就是在她对自己的描述中，她是一个没有向大人要钱的经验的孩子。他没有触及萨拉的认知根源，没有帮助她认识到事情的另一面：她非常能干，精力充沛，会四种语言，并且是一个有天赋的老师。在谈判这个问题上，他无法帮到她。她不能只是直接开价，她必须相信自己值这么多钱。

萨拉的困境很普遍，想想有多少人把自己的工作成果免费送人。我经常听到类似这样的说法："哦，我不想要他们的钱，帮他们也没花我多少时间"，或者"我很乐意这么做"，又或者"他们有值得的理由，所以我愿意帮他们"。所有这些都是真的，我也并不想让你成为电影《华尔街》里的戈登·盖柯，他曾以"贪婪是个好东西"这句话而闻名。无论如何，做人应该厚道！然而，我也坚信付出一定要有回报，即使是很小的回报，或者至少对你的无偿付出要有意识（例如，设定一年最多只能有两次无偿服务）。你是有价值的，你的时间也是宝贵的，这是一个要传递给世界和你自己的重要信息。你的时间不是免费的，它是有偿的。

我通常会雇用我以前的学生作为助教。当我问他们期望的薪资时，他们几乎无一例外都会说："哦，我不需要工资，这是一个和你一起工作的好机会。"

我总是这样回答："如果你不想要钱，那我也不会雇你了，因为你一辈子都会觉得别人不珍惜你的时间和努力。我希望你能明白，我重视你的时间和努力，不只是说说而已。"不过，我理解他们的想法。如果我回到20多岁，我的教授给我一份工作，我不会马上问："你能付我多少钱？"这种说"我不需要报酬"的心理情有可原，然而，一旦这样的说法形成了习惯，当它们变成潜意识的时候，就会变得非常危险。

你的价值被削弱的过程是非常不易察觉的——开始是一个小雪球，然后越来越大，直到变成危险的雪崩。它很有可能是这样发展形成的：也许你很在意自己吸引客户的能力，因此当你在工作中提供方案时，方案中包含了许多你提供的有价值的想法。你觉得自己需要表现出色，让他们大吃一惊——你不相信自己有足够的说服力让他们冒险雇用你。问题是，你过于关注证明自己，以至于你放弃了自己所有的价值。既然你已经免费提供了这么多，那么他们为什么还要付钱给你？

当他们不愿为你的知识付费时，你的价值就会进一步缩水。也许你会为下一个潜在客户降低价格，但你的路线已经定好了，很难改变。别人会发现你并不看重自己的价值，他们会利用你，会心安理得地接受你给他们的东西。

我的观点是，要做有价值的交换，即使不体现在金钱方面。

例如，如果我让一个以前的学生帮我做一件小事，我希望他至少会说："我不想要钱，但是您能否给我写一封申请法学院的推荐信？我知道这会占用您的时间。"必须有一定程度上的相互妥协，这样你才不会在潜意识上降低自己的价值。

有很多明智的理由让你在没有经济补偿的情况下工作。也许你是想和某个组织建立联系；也许你是想把某家公司发展为客户，这将增加你的品牌的公信度；又或者这项工作本身能带给你满足感。即使你没有拿到薪水，你也是有收获的。

对杰里米来说，这些理由都不存在。杰里米是一名市政债券推销员，他的一大优势就是能够与客户发展关系。他和一个潜在的大客户非常投缘，而后者已经开始请他帮忙了。杰里米心甘情愿地提供帮助，并建议他们推进合同的签署。这个潜在客户说："好的，没问题，我们正在为此努力。"因此杰里米只能继续做着没有回报的工作，而潜在客户也继续拖延着合同签署的进程。这种情况很常见，我猜你可以看到故事发展的方向：当他们到了签合同的阶段，客户对杰里米的报酬犹豫了。双方的关系破裂了，杰里米感觉自己被利用了，客户则对他要价这么高感到愤怒——尤其是杰里米所做的那些没有回报的工作，客户一直不觉得是有价值的。杰里米花时间和精力去维护客户关系是对的。他的错误在于，让没有报酬的工作持续了这么长时间，而没有清楚地向客户表明他能为其带来的价值。可以说，他应该直接告诉客户，否则这位潜在客户永远无法明白杰里米所做的一切的价值。

一旦事情失败，杰里米最重要的任务就是明白他学到了宝贵的一课，从长远来看，这可能会为他省钱。他必须和心中的怨恨做斗争，因为他认为每个人都想利用他。这会是一个损害他判断力的伤疤，我将在第三章详细讨论这一点。

底线是，在你决定放弃什么、付出多少努力以及得到什么回报时，必须经过深思熟虑。与其说这是机会主义，不如说这是战略选择，这也关乎尊重你自己和你所付出的价值。交易不仅关乎经济利益，还包括尊重彼此价值的互惠。定期自我审视，确保你的所得能满足你自己、确保你的价值——无论是以经济补偿、建立新的关系，还是一个学习机会的形式——这一点至关重要。如果你觉得自己不被重视，但是你还得继续付出，你可能就会开始怀疑自己的价值，从而导致进一步的恶性循环。或者你可能会变得怨气十足，这同样是有害的。

在经济低迷的时候，人们很容易养成坏习惯，因为你和一两个人做了一笔交易，那么新的价格就变成了他们的期望，或者更糟的是，变成了你的期望。如果你这样做了，不要惩罚自己——许多企业家和小企业主在艰难地度过财务困难期或吸引客户的时候，特别容易受这种想法的影响。这叫作生存！

尽管如此，你还是要确保你的客户不会继续期望更大的折扣。华盛顿一家健身房的水疗中心的运作方式给我留下了深刻印象。在经济低迷时期，健身房推出了一项特殊服务：以60分钟的价格享受80分钟的按摩服务。这被称为"每月特价服务"。由于经济疲软的长期性，这项服务持续了很长时间。当经济复苏时，这项特价服务也结束了。请注意，80分钟的按摩价格一直没

第一章　降低自我价值感

有改变——之所以以更低的价格提供"临时"按摩,是因为它被贴上了"临时"的标签。顾客们并没有因为这项服务的取消而生气,因为健身房一直都在宣传这是每月特价服务,服务结束了,我们的期望也随之结束了。

性别影响自我认知

自我怀疑并不局限于某种性别,但是在我听到的故事中,性别仍然扮演着重要的角色。在开始上课的时候,很多女性表示她们不是好的谈判者,或者说她们有一种"谈判引发的焦虑"。也许她们只是把这个想法藏在心里,但是当我告诉她们第一次谈判的结果时,如果结果对她们不利,她们就会很沮丧。这进一步强化了她们已经在害怕的观点——她们不适合谈判。她们对自己太严格了,当我指出她们本来可以得到更好的结果时,她们会点头说:"我知道,我应该做得更好的。"

相比之下,当我向班上的男生指出他们本可以做得更好的时候,他们中的很多人会说:"好吧,但是我觉得我其他部分做得挺好的。"即使他们做得并不怎么好,他们也会这么说。在最近的一堂课上,我对一个学生说:"克里斯,你还有进步的空间。"在我的模拟谈判练习中,他表现得还不错,但是他没有把一些变量考虑进去,也没有向谈判对象提足够多的问题,而这些问题本来可以带来更多潜在的解决方案,让克里斯得到更好的结果。

克里斯非常自责,因此我说:"我不是针对你个人,每个人都有进步的空间,我只是想帮助你变得更好——这就是我要做的事。"而且,我在课堂上很少有所保留,因此我观察到在班上有很多人虽然练习做得不好,但也有类似的反应,于是补充说:"这间教室里的男同学大多自信且专注于他们做得好的地方,而不是他们的失误,即使他们得到的结果不是很好。"

"嘿!"另一个人说,"这我可不服气。"又来了!

"不,"我说,"我这么说是一种赞许。"然后我对在场的女性说:"女士们,如果我们只有这间教室中的男性 1/4 的自信,想想这会对我们的自尊产生什么影响。我并不是想让这些男性改变行为,但是我在寻找女性身上的转变。你们都表现得好像这个结果就决定了你们以后是一个怎样的谈判者,你们总在寻找自己的弱点,而不是为自己的优点鼓掌。"

研究支持了我的轶事观察。在一项有趣的研究中,研究人员将 MBA 学员分组,让他们在一年中紧密合作。在每个季度结束时,每位学生都要进行自我评估,并接受同行评议。男性和女性对自己的评价都比同行给的高。然而,在看到反馈后,女性的自我评价分数在接下来的几个季度里有所下降,男性也一样,但没有女性下降幅度那么大。"我们发现,女性会更快地将自我意识与同伴的反馈联系起来,而男性,随着时间的推移,不断地自我合理化、自我膨胀。"首席研究员玛加丽塔·梅奥在《哈佛商业评论》中写道,"也就是说,在我们的调查中,女性对同伴的反馈比男性更敏感。6 个月后,女性对自身领导能力的看法与同行的评价完全一致,而相比之下,男性则继续夸大他们的领导才能。"[1]

我们可以从几个方面来看待这个问题。一方面,这无疑表明女性对自我有更清楚的认识,这对于谈判者来说是一个很好的品质。另一方面,正如梅奥指出的那样,"当她们对负面反馈的吸收涉及对自我能力的怀疑和信心的降低时,这可能会挫伤女性接受新挑战的积极性。"《信心密码》的两位作者凯蒂·肯和克莱尔·施普曼也支持这一点。"数据相当糟糕,"她们写道,"与男性相比,我们认为自己还没有做好升职的准备,我们预感自己在考试中会表现更差,我们直截了当地告诉研究人员,我们对自己的工作没有信心,这么说的人还不少。"[2] 如果女性对自己的工作没有信心,那么在谈判中她们表现出来的高度自信又说明什么呢?

我在高盛的"10 000家小企业项目"中的学生达娜·西科,在成长的过程中一直在道歉。她与别人进行对话或者发送电子邮件时总是以下面这些内容开头:"很抱歉打扰你,但是……""对不起我又来添麻烦了,但是……""很抱歉,如果你已经考虑过这个问题了,但是……"她在开始讲话前先道歉,降低了自己的可信度。很多女性都这样做,我自己也多次为此感到内疚。根据《心理科学》的研究,女性道歉更多,是因为和男性相比,她们认为有更多的事情需要道歉。[3] 好像我们总是觉得自己给别人带来了不便似的。

几年后,随着达娜的自信心增强,她可以直接开始表达自己真正想要的,而不用先道歉了。"为自己发声并不会让我变成一个坏人，"她说，"我可以说：'我不准备在这部分交易中让步，但我们可以在某方面达成一致。'现在我的道歉少多了。"

我知道这些关于性别的故事的影响力有多大，因为我一次又一次看到了女性从质疑自己到完全抛弃原有的自我认知时发生的变化。我在性别问题上最难忘的一段经历，也许是我在开罗美国大学为高盛的"10 000名女性项目"授课的时候，这是一个为女性企业家提供商业教育、指导、人脉资源，以及融资渠道的全球性项目。参加这个项目的女性从阿拉伯地区来到开罗美国大学，就是为了抓住这个千载难逢的机会，以便将事业提升到一个新高度。该项目为她们提供了一个志同道合的社群，在这里，她们可以分享自己的经历和挑战，并为自己的创业目标和愿景找到认可。

开罗美国大学崇高的学术环境一开始的确令人生畏，对某些人来说，这是她们很长时间以来第一次回到教室。在女性经常被压制或被期望待在家里的国家和地区，打破常规对这些女性来说意义重大。

因此，对这些女性来说，打破这样的自我认知是一件大事。有些人被迫形成新的形象，因为她们的丈夫留下了孩子却没有办法养家。一个学生在她丈夫去世后继承了家业。她丈夫的家庭在经济上和其他方面都不支持她——她只能接管公司，学着经营公司来养活孩子们。

我和我的同事很快建立了一种归属感和信任感，我们在每个班级都会这样做，但这在男性主导的文化中更为重要。我们谈了很多，关于放弃她们身上所贴的标签，打破等级期望，鼓励她们敞开心扉。工作人员认为我们的角色是提供一个容器，为女性提供一个神圣的空间，让她们可以找到并讲述自我认知。这段经历一直伴随着我，证明了谈判在自我发现之旅中的重要性。

谈判中的道德问题

在我的一个课堂练习中，一个学生必须把一瓶稀有的葡萄酒卖给别人。卖方已知的信息显示，这瓶酒最低卖 400 美元才不会亏本，最高可以卖 1 000 美元。一个名叫戴安娜的学生一开始就提出以 400 美元的价格出售这瓶酒。"为什么你的目标设定在这个价格？"我说，"你可以合理地要求 800 美元，甚至更多。"

"但是我不想骗人。"她说。

"我也不想骗人啊。"我说。

"没有数据证明 800 美元的价格是合理的。"她说。

事实上，是有证据支持 800 美元甚至 1 000 美元的目标价格的——这种酒的价值在过去几年稳步上升，如果将增长率推算到今天，实际上 1 000 美元是一个非常合理的预期价格。但在给她看我的数据之前，我追问她："为什么要价 400 美元？这个数据背后的证据在哪里？我可以给你看我的证据。"

戴安娜慌张地说："如果我要价 400 美元，我没有损失，也不算欺骗任何人。"

她讲的是贱卖一瓶酒（也可能是低估她自己的价值）的故

事。她害怕自己被看成"坏人"。我很少听到有人这么直接给谈判贴上标签，不得不承认，当戴安娜说"但是我不想骗人"时，我有点恼火，我的第一反应是自我辩护。我教授谈判课程，但我必须提醒自己，我的要求并没有越界，我也没有不诚实。戴安娜所说的话引起了我们很多人情感上的共鸣，其中有上千个微妙的社会原因。戴安娜的道德说教可以作为一个盾牌，掩盖真正发生的事情。我们可能会因为不问自己的价值而自我妨碍，也可能会认为自己不配得到我们所要求的东西，比起承认我们缺乏自信，说"我不想骗人"要容易得多。

我遇到过无数这样的人，他们的默认策略是选择他们能承受的最少的量，并宣称这是不可商量的。他们会说："我没有做到最好的交易，但是我跳过了讨价还价的过程。这样我觉得自己还是一个活生生的人，并且我不在乎（讨价还价也许能得到更多）。"想想这句话：以这种世界观来看，谈判削弱了你的人性。

珍妮弗是一名平面设计师，她和另外三名女性合伙做生意，她们彼此也很亲密。在创业的头几年，她们不需要就任何重大问题相互协商，她们有各自的客户，并且独立工作。然而，一个客户给了她们一个项目，需要她们合作完成。虽然进行了分工，但是她们从一开始就没有讨论过如何分配酬劳（显然这是她们犯的第一个错误）。珍妮弗的搭档劳拉做了大部分工作，而珍妮弗也做了很多工作——她们所做的比最初计划的都要多，因为项目变复杂了。当项目收款时，负责财务的合伙人说，她要把90%的钱给劳拉，而剩下的10%留给其他三名合伙人。珍妮弗觉得这不公平，就提出异议。"好家伙，这引发了一场审判风暴。"珍妮弗告诉我，"她们说'这不是我们的文化'，'我们都无偿为公司做过事'。这让我觉得我在贪婪地追求我认为自己应得的东西，仿佛诉说某事不公平在道德上是错误的。"珍妮弗没有轻视这种反馈。"如果我提出关于钱的问题，我会觉得自己像个坏人。"当她又一次提起这件事时，她的一位合伙人说："你每次以钱开始对话，都会让我对你的信任减少一点。"

多年以来，珍妮弗一直避免与她的合伙人谈判。但她对此一直耿耿于怀，她的怨恨与日俱增，因为她觉得自己无法提出任何财务上的问题或矛盾之处。"我对这种情况感到非常痛苦，好几个晚上睡不着，试图调和两件事：一是我认为自己受到了不公平的对待，二是我这么想是贪婪且自私的。"珍妮弗的困境是多层次的，但是首先，她需要更加坚定地认识到，谈论金钱和为自己辩护并不是什么坏事，这也并没有使她变成一个坏人。现在，她的合伙人却不这么看，她需要消化这些观点，这样她才能以正确的方式接近她们。我将在第四章回到这个令人烦恼的问题——如何提出请求？

珍妮弗并不是唯一陷入这种困境的人。另一位企业家在向她的团队征求360度反馈意见后来找我寻求建议。几乎每个人都说"她很聪明""她人很好"，但几乎所有的女性都写道："她需要改变她的合作态度。""对她来说，一切都是为了钱，这不是我们公司的文化。"而没有一个男性这样评论她。"怎么回事？"她说，"是因为女性对彼此更加苛刻吗？还是有什么别的原因？"

答案是：是的，有时会这样。当我们违背了自己期望的性别角色时，女性会对彼此更加苛刻。当我们看到其他女性以我们觉得不可能的方式行事时，即使我们可能也想做这件事，我们也倾向于惩罚她们。

人们将谈判视为道德负担是有原因的，因为许多谈判者的表现确实很糟糕。我的学生米歇尔曾经在纽约市的一家大公司担任诉讼律师，她的经历强化了一种观点，即谈判者是多么适合某一特定的个人特征。"过程的一部分就是要展示你有多强势，"她说，"有很多恐吓、故作姿态和虚张声势。"她在早期的职业生涯中得到的信息是，谈判"是严肃的，是激进的，是零和思维，是竞争性的"。如果这就是有效谈判，那么她不想参与其中。

作为回应，米歇尔对待谈判的态度一直是致力于解决问题，让别人开心，尽量不给别人留下不好的印象。"我这样做是出于礼貌，"她说，"或者说也有羞耻的因素，担心给别人留下贪婪、无理取闹或糟糕的印象。"

但是当米歇尔辞去诉讼律师的工作，加入她的家族珠宝生意时，她抛弃了那些她曾经以为的所有关于谈判的观念。如果她把设定高目标等同于低专业性，那么她就不会在生意上取得成功。她必须学会允许自己提出要求，并确信这不会让她变成一个坏人。"我会更轻松地说：'这是我的需求，这是我想要的，并且我不会为此感到抱歉。'在交易中，我可以心情愉悦且富有人情味，我没有必要当个浑蛋，但我也不需要退缩。"

情形非常复杂，部分原因是有些事很微妙。当你把谈判变成一个道德问题时，你需要很强的自我意识才能认识到这一点。倾听你内心的独白，找出它的主题。在本书开头，我曾说我们每天都在谈判，所以请开始留意下面这些事情吧。当你和别人谈判的时候，你会觉得自己像个浑蛋吗？为什么？当你在谈判的时候，你觉得自己强势（在好的方面）吗？为什么？你是否对谈判本身做出判断是非常个人化的，就像你的谈判风格一样。那么，请开始注意你的谈判风格吧。

小结

　　2018年，我在沃顿商学院教的一个本科生班级让我感到震惊。我已经教了15年的谈判课，尽管每年都不一样，但是这个班的情况却截然不同。就像我的许多本科班级一样，这个班的学生在性别、年龄、民族、宗教和生活经历等方面有着巨大的差异，但是对谈判的信心明显低于我前几届学生的水平。

　　一般来说，第一节课我会主要讲目标设定，集中在我们如何描述自己和为什么这点如此重要上，然后在下节课继续。但在这个班上不是这样的，每当我检查学生的练习和结果时，我都不得不问他们为什么把目标设定得这么低，于是我们又回到了第一节课的水平。例如，一个学生说，他已经设定了一个雄心勃勃的目标，但是当他与对方进行谈判时，他却缺乏表达自己需求的欲望。从本质上说，他从一开始就不相信自己的目标是正确的，也许是因为他认为自己的目标定得太高了。整个学期我都在不停地进行这样的对话，这些学生缺乏自信，因为他们就是无法改变自我认知。回过头来看，我想我明白了其中的原因。我们的社会和世界的冲突性本质更广泛地——在这里我们看到的是更加开放的、明显的不和谐和文明的极度欠缺——影响着我们所有人的日常生活。我们不能低估这种普遍风气渗透到我们心灵中的程度，对于最边缘化和代表性不足的人来说，这种不和谐可能会进一步内在化，成为他们对自己的认知。

受课堂氛围的影响，这个学期的大部分时间都花在了设定他们相信并有可能实现的目标上。自尊成了一个永恒的主题。在这学年的最后一节课上，当我告诉他们要记住"你们已经足够优秀了……做你们自己就好"时，班上一半的学生（和他们的教授）都哭了。我不能说政治环境是造成这门课难以设定理想目标的唯一原因，但我相信它产生了巨大的影响。我在沃顿商学院的课堂上经常看到这样的情景：成绩优异的年轻人似乎背负着整个世界的重量和负担。他们的父母为了他们现在的一切付出了所有，所以他们必须确保自己会成功，或者他们的同龄人规划好了自己的整个人生，所以他们也必须这样做。加上这个世界正在发生的一切，我在课堂上提出的问题具有了新的重要意义。这也就难怪大家情绪高涨。

需要明确的是，人们因为自己的种族或民族感到自卑并不是什么新鲜事，只是这次比我过去看到的情况要糟糕得多。语言很重要，而且触及了长期酝酿的不安全感的核心。正如非裔美国活动家兼作家韦斯·摩尔对奥普拉·温弗瑞所说的那样："人们普遍认为，我们不属于某个特定的地方。冒充者综合征……你只是在等着有人拍拍你的肩膀说：'你在这里做什么？'"韦斯一一细数了自己获得的每一项成就，从成为一名授勋老兵到获得罗德奖学金，他认为自己本不应该得到这些。的确，罗德奖学金的创始人可能从未打算让非裔美国人获得这笔奖金，这是韦斯可以坚持的说法。但是相反，韦斯想到了许多他从未见过的人，他们为了他的想法而拼命工作，甘愿冒着生命危险，并保持着希望。这就是韦斯想要讲述的故事。"我们从来没有待在一个不属于我们的房间里，"他说，"我们必须相信，我们属于那里，而不仅仅是作为墙纸装饰它。"4

我的学生告诉我，我就是他们想要告诉自己的一种自我认知，因为我是一个有色人种女性，并且还站在讲台前。听到这些我觉得很奇怪，因为我自己还在自我怀疑中挣扎，也很想知道他们到底是怎么看我的。但我也理解，对于像我的学生萨拉·法尔扎姆这样的女性来说，她既是伊朗人和墨西哥人，也是犹太人，她从小玩的芭比娃娃一点都不像她，她读的书和看的节目里的角色也一点都不像她，她看到了一个伊朗女性在权力问题中的地位。我的一些学生把我看作有色人种女性，而另一些学生只把我看作女性，这就够了。对我而言，我尊敬像奥普拉、马德琳·奥尔布赖特和塞雷娜·威廉姆斯这样的女性，并不是说我渴望成为她们，而是看到她们成为"第一个"——隔段时间，看到她们——就会激励到我。既然她们能取得突破，那么如果我全力以赴，我为什么不能？这样就更容易形成一个正向认知，如果我经常想起这些认知,我就能充分锻炼我的自信"肌肉",直到它可以自动"生效"。作为一个健身的狂热爱好者,我喜欢这个比喻,因为每个健身方案都有一个要点,那就是你不必太在意自己正在锻炼哪一部分肌肉,相反,只要开始锻炼,肌肉就自动开始工作了。

积极心理学的研究告诉我们,我们的自我描述越积极,结果就会越好。[5] 然而,积极的智慧可以追溯到更早的时候。在古老的切罗基族教义中,一个老爷爷告诉他的小孙子,他的身体里住着两只狼,它们激烈地斗争着:一只狼代表他身体里的一切邪恶的东西,比如嫉妒、骄傲和自负;另一只狼代表了一切美好的东西,比如快乐、慷慨和同情心。老爷爷表示,类似的斗争,存在于每个人的内心。小孙子问:"哪一只狼会赢?"老爷爷回答:"你喂的那只。"我们选择把精力放在哪里很重要。选择喂养哪只狼,对我们的自我价值感以及与周围世界谈判的能力有巨大的影响。

第二章

讨好型人格

在电视剧《办公室》的经典一集中，敦德-米夫林纸业公司的地区经理、讨人喜欢的自恋狂迈克尔·斯科特不小心驾车撞到了他的员工梅雷迪思。梅雷迪思拒绝立即原谅他，这给迈克尔带来了困扰。他对着摄像机说："我需要被人喜欢吗？当然不。我喜欢被别人喜欢。我享受被别人喜欢。我不得不被喜欢。但是，这并不是那种强制性的被人喜欢的需要，就像我被别人称赞的需要一样。"

当然，讽刺之所以好笑，首先是因为它以某种形式放大了我们内心深处的东西。每个人都想被喜欢。但如果不加以约束，这种欲望也会让我们陷入麻烦，因为我们在无意识中放弃了自己的权力。那些理所当然这样做的人通常被称为讨好型人格，即取悦者。

埃米莉是一个典型的取悦者。多年前，她和她的新婚丈夫一起买了他们的第一辆二手车，谈判的过程非常艰辛。埃米莉的丈夫是法学院的学生，特别热衷于谈判。销售员史蒂夫越来越不耐烦。他有些小题大做地给女朋友打电话说晚餐约会他会迟到。他向埃米莉解释了他浪漫生活的细节，而埃米莉的丈夫正在极力压减最后1 000美元以达成交易。史蒂夫叹了口气，又给女友打电话把他们的晚餐时间再往后推。埃米莉看不下去了，她告诉丈夫别还价了，史蒂夫的女朋友一直在等着他。15年过去了，埃米莉的丈夫仍然坚持要在埃米莉不在场的情况下买车，这样她就不会帮倒忙了。

取悦者讨厌冲突，并且会不惜一切代价避免冲突。如果有人从办公室的咖啡壶里倒走了最后一杯咖啡，排在他后面的取悦者肯定会再煮一壶咖啡。其实本不该由取悦者再煮一壶咖啡的，应该由喝了最后一杯咖啡的人煮，但在取悦者看来不值得为此发生冲突。取悦者只是不想处理这些令人头痛的事情。但取悦者没有意识到煮咖啡也要付出代价：他生气了。为什么每次给咖啡续壶的人都是他？真相是，在他放弃了请求、放弃了参与谈判的时候，他就选择放弃了自己的权力。

或者，把取悦者当作父母。在办公室时她可能不会让这种倾向表现出来，但是当她回到家时，她会因为工作太多（或者离婚了，或者让孩子上辅导班……任何让你内疚的事情）而感到内疚，孩子要求再来一碗冰激凌，她答应了。她不想有任何冲突，她只是想好好享受一下与孩子在一起的快乐时光。因此，当孩子求她晚点睡的时候，她又答应了。当孩子和她顶嘴时，她也不计较。在她这里，几乎没有谈判，只有默许。很快，父母的权力就消失了。

尽管家庭领域是取悦者的常见场所，但其实他们随处可见。虽然你可能认为取悦者主要是女性，但事实并非如此。拿我的学生格雷格来说，他上我的 EMBA 课程的时候已经有 10 年的工作经验了。

在我上一章提到的稀有葡萄酒练习中，格雷格扮演一个需要出售那瓶酒的交易商。他设定的角色很快就要退休了，所以他不用寻求和买家发展长期关系，只要把这瓶酒卖到尽可能高的价钱就好。格雷格查看了数据，决定他可以合理地报价 800 美元，所以他把目标定在了这个价格上。回想一下，他的底线或者说是盈亏平衡线是 400 美元。买方开价 250 美元。格雷格说可以 500 美元成交，买方同意了，交易在几分钟之内就完成了。当我们重温这些练习时，格雷格发现在许多其他小组中，同一瓶酒能卖到 600 美元、700 美元，甚至 800 美元。我问他为什么这么快就放弃 800 美元的目标价，他回答说，对于他来说把人际关系排除在谈判之外太难了。在这学期的那个阶段，我的学生们已经很了解彼此了。格雷格是一个非常可爱的人，很受其他学生的喜欢。在这样的课堂上，名声形成得非常快，每个人都认为格雷格和蔼可亲，而他也确实如此。他解释道，他和这位同学（谈判对象）的关系很友好，他说："当买家出价这么低的时候，我想她不可能支付我的目标价格。"当我们进一步深入了解时，他表示想尽量缩小他的目标和买家的开价之间的差距，以避免反反复复谈判。"我不想显得不讲理。"

第二章 讨好型人格

我同意，人际关系很重要。格雷格放弃了他的权力——他珍贵资产的可感知价值，他本可以在保持友好关系的同时把葡萄酒卖出更高的价格。我能从这个葡萄酒练习中分辨出教室里哪些人是取悦者，几乎不会出错：他们总是卖得很快，售价更低。

原因有很多。第一，尽管有数据支持这一说法，但是他们无法理解葡萄酒的真正价值。正如我在第一章讨论的，举例来说，格雷格知道这是一种稀有年份的葡萄酒。他知道，其他经销商在前几年以600美元、700美元的价格出售同一年份的葡萄酒，而且价格每年都在上涨。因此，他一开始把目标价定在800美元。但他并没有把这些细节告诉他的搭档。他没有完全消化这些细节，也没有意识到自己拥有的资产价值不菲。

第二，取悦者想要完成交易，并确保每个人都高兴。在格雷格的案例里，他不仅喜欢他的同学，还希望她继续喜欢他，但我怀疑他也觉得他需要取悦我。他在前两堂课上都没有达成交易，他想在这次谈判结束后告诉我他达成了交易。

在这一章里，我讲了很多类型的取悦者。取悦者可能是厨师、首席执行官和职业运动员，这不符合我们的刻板印象。同样地，取悦者可能很粗暴，可能很坚韧，也可能很冷淡——你以前从未把他们当成取悦者。但他们确实是。大多数人不会猜到我也是一个取悦者。我给人的感觉有点疏远，至少一开始是这样。虽然我没有孩子，但我有一种强烈的母性本能，我把这归功于我的伊朗血统。伊朗人是好客大师，他们信奉"你舒服我就舒服"的准则。我总是希望别人过得好，尽管这并不是因为我需要被人喜欢，而是因为我需要一切都保持平衡，让我身边的每个人都高兴。

即便你自己不是取悦者，你也需要了解取悦者的心态。因为和你很亲近的人，比如你的配偶、你的女儿、你的同事或者你最好的朋友都有可能是取悦者，意识到他们是否在忍着不提要求很重要。在这一章，我讲了对拒绝的恐惧——害怕说"不"和听到"不"——与被喜欢的需要有什么关系，以及沉默带来的不适如何演变成一种放弃权力的倾向。我谈了取悦心态误入歧途的代价，这种代价看起来很像怨恨，以及当取悦者无法取悦所有人时，他们如何在困境中挣扎。

放弃自我权力

有一天，在我给创业者们上完课后，我注意到一个名叫莉兹的学生在教室里徘徊。我不慌不忙地收拾着包，当教室里只剩下我和她的时候，她问我能不能谈谈。莉兹在各方面都令人印象深刻。在决定自己创业之前，她在一家大公司做了多年的高管。现在她的公司生意兴隆。莉兹在班级里已经享有聪明、自信、坚强且公平的名声了。不过她看上去有点摇摆不定，我提议我们出去喝杯咖啡，讨论一下她的想法。

我们在附近的咖啡厅坐下来，她说："今天的课程很触动我。"我回想了一下当天的研讨会。我们讨论了很多关于许多人为了取悦他人而放弃自我权力的倾向。这是一场热烈的讨论，但是莉兹没有参与其中。事实上，她全程非常罕见地保持安静。

她说："我看起来自信而有条理，我也基本上自认为是如此。但我有些过去的事情并没有真正解决，而今天的课程把它提了出来。"

她解释说，在自己创业之前，她在一个大型组织工作过，她觉得很不值得。"我经常想，我为什么要在这里？他们迟早会意识到这份工作对我来说超出了我的能力。我对自己非常苛刻，认为自己的工作表现需要达到疯狂的水平。我得了严重的冒充者综合征。"

她的上司很支持她，想办法放权给她，并且反复告诉她："你做到了。"莉兹表示："一开始我和他相处得很好，我们完全达成了一致：我们一起对抗世界，为了共同的目标而团结起来。我们在一起度过了很多时间，成了好朋友。就这样，我对自己从事的工作越来越有信心了。但随着时间的推移，我开始注意到上司身上有我不喜欢的地方。我不喜欢他谈论别人的方式。我不喜欢他和别人一起工作时使用的策略，这让我觉得他很有控制欲。他对我的外貌说了一些不恰当的话，因为他已经和我非常熟了。我没有指责他的行为，但我和他保持了一定的距离。我的工作还保持着之前的水准，但我尽量避免和他待在一起。"

莉兹的上司注意到了。一次工作活动结束后，莉兹搭了同事的便车回家，他很生气。他说："你难道不知道和他一起开车离开像什么样子吗？"莉兹强调，这毫无意义，因为上司的备选解决方案是他自己捎她回家。对莉兹来说，备选方案在观感上和搭同事的便车一样糟糕。因此，莉兹对他的担心不屑一顾。"很快，我注意到我开始被排除在会议之外。起初我并不在乎，因为我相信上司的意图，我工作很忙，偶尔不用参加一两个会议我还很高兴。但随着时间的推移，我有一种不安的感觉。"

莉斯没有把她的顾虑告诉公司里的其他人。她说："我希望世上一切都好。我希望每个人甚至包括我刻意保持距离的上司都平安无事，我认为我想要保护他。因此，我忽略了自己的直觉。我加倍努力工作，把精力集中在工作进展很顺利这件事上。最后结果也很好。"

不久，上司带她外出吃晚餐。席间，上司说："莉兹，看起来你不再喜欢你的工作了。以前我们经常在一起，但现在你好像再也没空和我一起了。我们也不再像以前那样交流了。"

莉兹很疑惑这和她喜不喜欢工作有什么关系。但她没那么说，而是说："我喜欢我所做的事情，我喜欢我的工作。"

她说，接下来的一周，她去了他的办公室开展例行评估。他关上门说："这份工作已经不再适合你了。"

当莉兹说到故事的这一部分时，她的声音很轻柔，我看得出她在强忍眼泪。她说："说我大吃一惊也不为过。我不仅达到了我的目标，而且在很多方面超出了预期。在我上次和公司总裁会面时，他特意表扬了我。我的团队效率很高，而且工作很努力。至少在那一刻，我不知道发生了什么或者为什么会这样。我在颤抖。我甚至没有和我的团队道别就离开了大楼。"

"紧接着，我对自己很生气。为什么我之前没有认真对待这些危险信号？很显然我没有得到公正的评价，为什么我在那次晚餐时对我的遭遇不屑一顾呢？"

莉兹得知，她的上司之后不久就离开了，她不清楚原因。但这并没有改变已经发生的一切。她在那个组织的职业生涯结束了。

她说："在接下来的很长时间里，一想到这份工作和我离开的方式，我就觉得很痛苦。事实上，我简直崩溃了。我只对少数人讲过这个故事。但今天我又想起了这一切。"

我握紧她的手，安静地和她坐在一起。我觉得她不需要我说什么，而只是需要有人倾听。我很感激这片刻的思考，因为这让我厘清了自己对她所讲的故事的情绪。令人难以置信的是，这位自信、出色的女性竟然在工作中怀疑自己。她已经放弃了她的权力，否则我无法知道这个故事，她也没想让我知道。发生在她身上的事情，在女性身上经常发生——她们对别人一切都好的渴望超过了她们对自己一切都好的渴望。这几乎是本能发生的，以至于她们在意识到之前就放弃了所有的权力。我只能对莉兹说，我很遗憾发生了这样的事情。然后我说，她肯定不会再让这种事情发生了。

错失谈判时机

对于公司创始人、销售人员，以及像詹姆斯这样外表硬朗的纽约人来说，想要讨人喜欢可不是那么容易的事情。人是复杂的，取悦他人的欲望深入人心，打破了刻板印象。（我也从来没有想到，除了本职工作之外，詹姆斯还是一名牧师，他确实是！）去年，他在麦迪逊广场花园为一家互联网公司做了一个大项目，这个项目需要在很短的时间内完成。他说："我尝试预测所有的事情，但在这种情况下，我知道事情有可能无法按照客户希望的时间表完成。"但是，为了取悦客户，他没有对他们的时间表表示担忧，也没有拒绝时间表。的确，日程安排开始延期了。詹姆斯说："有很多因素是我无法控制的，我依赖于其他的供应商，依赖于纽约市。那个客户打电话问我：'怎么回事？这种情况什么时候能改变？'我一直说：'没关系，我们会做到的。'但我真的控制不了这些因素。我开始闭口不言。"

最后，尽管晚了几天，但项目还是完成了。客户并不在意延迟，对结果非常满意。但整个过程对詹姆斯来说压力很大。詹姆斯说："我只是想解决这些问题，让每个人都高兴，这样我就可以继续……如果可以从头再来一遍，我会从一开始就对顾客更加坦率。我会说：'我能做到，这是可能的，但要知道，有些事情是我无法控制的，这也可能不会发生。'但愿我能更自信地面对他们，而不是觉得我不想让他们失望。"

值得注意的是，就像莉兹很快离开了她喜欢的公司一样，取悦他人的倾向几乎是条件反射。尤其是在你谈判的时候，需要格外小心。有时候，我们甚至没有意识到，我们有机会提出一个对我们有效的解决方案，因为我们已经习惯了随波逐流。换句话说，取悦者可能会错过谈判的时机。

我以前有一个叫迪伦·赖姆的学生，他直到在一次课堂练习中扮演了一个收到一家初创企业录用通知的人，才意识到自己有喜欢附和他人的倾向。他的任务是与人力资源主管协商录用条件。他说："当我进去的时候，我觉得自己还在面试。尽管我和这个人从未谋面，我想，我不能让他们认为我对这个职位不够忠诚。这不是我讨价还价的地方。"换句话说，在他看来，谈判根本不会有好的结果。正如我们在汇报中所讨论的，这次练习不是面试，而是谈判。他已经被选中了。公司已经表示想录用他，就像他想加入公司一样。他说："记住这一点会给你很大的情感筹码，你只需要提醒自己你看待他们的方式和他们看待你的方式一模一样。"换句话说，当然，你喜欢他们，他们也喜欢你。要求更多也不会改变这一点。如果经常错过这一时刻，你就会看到那些要求加薪的人和那些没有意识到自己可以要求加薪的人之间存在着巨大的工资差距。

NFL前明星、大学橄榄球队前教练哈迪·尼克森还记得他第一次被坦帕湾海盗队聘用为教练的时候。在那之前，他一直是球员，有经纪人照顾他。他从来不用为自己谈判。更重要的是，他真的想要这份工作。当球队告诉他会付给他多少钱时，他的第一反应就是："好吧，我想这就是我的薪水了。"但随后他想起了他在我的谈判课上学到的东西。他现在知道自己最初的想法是条件反射式的，出于一种想要和别人融洽相处的愿望。他说："我突然想到，等等，不——这是一场谈判。所以我问：'如果你付我这个水平的报酬怎么样？'"

我们不会停下来想如果我们不继续附和会发生什么。尽管哈迪的经历表明，这种情况在男性和女性身上都会发生，但这里也有一个不可忽视的性别因素。在这个问题上，我所见过的最引人注目的研究之一是，研究对象被告知实验人员会观察他们玩文字游戏的过程，并支付给他们3~10美元的报酬。游戏结束后，实验人员说："这是3美元。3美元可以吗？"提出要求更多钱的男性，远远超过女性，是女性的9倍。[1]

有一种人格特征被称为"社会性"，在女性中更常见，有这种人格特征的人非常在意人际关系和被他人接受。具备这种人格特征的人会过度关爱他人，甚至对陌生人也是如此。研究表明，"社会性"人格特征与多和别人一起吃饭、吃高热量食物之间存在关联，因为具备"社会性"人格特征的人很容易对与他们在一起的人产生愉悦感而不是愧疚感。[2]

我的一个"社会性"朋友最近去了法国，在那里她的取悦者倾向表现得更加明显。一般来说，法国人并不倾向于过分热情，甚至认为美国式的友好是不真实的。即使知道这一点，我的朋友还是感到惴惴不安，因为她认为法国人不认可她的每一个动作或话语。有一天晚上，她在一家餐馆付账，服务员拿着信用卡读卡器走过来，问她想要付多少小费：10%、15%还是20%？我的朋友知道，在法国，不用给服务员小费，如果手头有零钱，留个一两欧元就可以了。但她是一个条件反射式的取悦者，她甚至不想让这个她再也见不到的陌生人失望或感到尴尬。结果这个服务员得到的小费远比应得的多。

茱莉娅是一名管理咨询顾问，她和詹姆斯一样一直为一个问题所困扰,当客户提出要求时,她最想做的就是答应他们的要求从而让他们高兴。咨询行业风险很大。客户为茱莉娅提供的管理咨询服务付了高价,他们期望得到很丰厚的回报。她说:"总有一些时刻,你会处于信息超载的状态,在这些时刻产生的冲动就是浪费坚持立场的机会。我可能和我的咨询团队在一个房间里,我的客户打电话告诉我:'我们需要这样的成果,但是你们的成果还没有完成。'"你可能没意识到,其实这就是谈判。这不易被察觉,但确实如此。他们问了一个问题,而你的回答可能会影响到你必须做的事情……有时,信息超载使实时处理变得不可能。在这种情况下,取悦者的本能是同意任何能让客户高兴的事情——或者至少是让客户高兴一点的事情。陷阱已经设好了。尽管还不能确定能否满足他们的要求,但取悦者还是一口答应下来。然后接着竭尽全力取悦客户。

茱莉娅会说:"让我考虑一下再给你答复。"或者,如果她能够识别出客户的要求有什么让她担忧的,她会说:"这是我正在思考的,这是我的担忧。"她会坦率地告诉他们,她对完成他们想要的东西缺乏信心。"我会告诉他们我担心我的团队没那么多的时间。我再多讲一点。我会解释团队已经将重点放在了其他重要的工作上,并让客户参与讨论什么才是真正需要处理的最重要的问题——人是理性的,会接受权衡。"抛开她想要取悦他人的欲望,分享她的担忧,远比证明她能做到但其实内心感到恐惧要好得多。

时间管理教练伊丽莎白·格蕾丝·桑德斯写道,产生界限问题的很大一部分原因是，人们对自己的角色设定抱有不切实际的期望。例如，假设你是一名经理，在不开会的时候，你总是敞开大门，因为你觉得平易近人是成为一个好经理的重要因素。问题是，这意味着你永远不能在工作时间完成那些需要安静才能完成的工作，所以你最终得在业余时间做那些工作。桑德斯认为，解决办法是重新定义成为一名优秀的管理者意味着什么。[3] 当然，一个优秀的经理应该在合理范围内是平易近人的，但一个优秀的经理也要展示出专注于高优先级的工作是多么重要。她说那个不肯关门的经理，"在这种情况下，你已经制定了一些严格的制度，规定岗位上的人应该做什么或不应该做什么。但其实这些规则是可谈判的"。

因此，对那些与"不"做斗争的取悦者来说，记住一些事情是有帮助的。（1）注意条件反射本能。如果你精力充沛，通常是那种"愿意"型的人，那么你很容易就会答应别人的请求，完全错过谈判机会。（2）记住，对一件事说"是"可能意味着对另一件事说"不"。在工作中对一个苛刻的客户说"可以"，意味着更多的压力和更少的睡眠。当法国服务员问你能否给一笔不菲的小费时，你说可以，这意味着你之后将没有足够的预算带你的孩子出去吃一顿特别的甜点。你必须放弃一些东西，而这些东西可能对你自己来说是至关重要的，所以知道这些可以帮助你在说"是"的时候更有策略。（3）检查一下你答应的理由是否与你对自己岗位不切实际的定义交织在一起。不要盲目接受这个定义，要质疑它。这看起来容易做起来难，因为通常仅仅是商业关系的承诺就足以让我们过度承诺。

由爱滋生怨恨

女性特别容易成为取悦者，但你可能会惊讶，我在职业橄榄球运动员身上也看到了这一点。NFL 球员以及一般的职业运动员有一个共同的情况——身边总是有向他们要钱的朋友和家人。当这种情况发生时，运动员会觉得他们不能说"不"，因为这样会显得他们忘恩负义，或者贪婪，或者被认为是在背弃那些在他们"成功"之前支持他们的人。因此，他们总是说"好""好""好"，直到自己忍无可忍，满腹怨气。

1987 年，当哈迪·尼克森被匹兹堡钢人队在第五轮选中时，报纸报道说他以 25 万美元的价格签约（以今天的标准来看，这个价格对于第五轮选秀来说低得可笑）。他的大家族以为他们中了大奖——他们不用再工作了，哈迪能够还清他们的车贷，帮他们承担日常开销。但没人计算——这是一份多年合同，所以他每年的税前收入只有 7.5 万美元。不过，哈迪说，这是一笔大钱，他会尽其所能地帮忙。但当他有了自己的孩子后，情况发生了变化，他的财务重心转向了供养孩子。"对别人说'不'很难，"他说，"你想想，在我还什么都不是的时候，他们就在我身边，这让我更难说'不'了。但我不得不拒绝我的父母。"他说当时这引起了很多人的怨恨，但现在他有了更好的看法。他转型成为高中、大学和 NFL 的教练，指导了数十名年轻球员。他说："我想告诉人们，特别是那些第一代的人，你可以帮助你周围的人，但你必须明白自己的位置，搞清楚你能在多大程度上帮助他们。你必须问这些帮助是会在未来创造出更多的施舍，还是会帮助他们从中成长，并因为这些帮助产生一些收获。"否则，他说，运动员会觉得自己就像一个人形自动取款机。

虽然帮助那些在成为职业运动员之前于某些方面支持过他们的人会让他们一开始感觉很好，但他们迟早会在某个时刻感到怨恨。"为什么每个人都认为我有无穷无尽的资源？我觉得他们在利用我。"（顺便说一句，他们能意识到这一点是积极的。有时候，他们浑然不觉，结果就会在财务上遇到困难。）运动员最终将自己从人际关系中拉出来，而不是面对让他们感到不舒服的事情。当被问及为什么这些关系会变糟糕时，他们会将其外化。"某人在占我的便宜。"我反击道："你拒绝过吗？你设定过界限吗？"如果我们不说出来，别人就不知道我们想要什么，这是真的，无论是再煮一壶咖啡、被老板苛待，还是不断被人要钱。

我把这些运动员的经历看作"亲友综合征"，我也经常在从事服务业的创业者身上看到这种情况。一个咖啡店老板给所有他认识的人都打折。平面设计师被要求制作每个人的网站或名片，但从不说"不"。这些创业者不想伤害他们与提出要求者的关系。但如果他们不说"不"，如果他们不划定界限，无论如何他们都是在伤害这段关系，因为他们正在用一把叫作怨恨的小榔头敲碎这段关系。他们不明白，自己可以说"不"，同时还能保持这段关系。

第二章 讨好型人格

当你设定了界限，你就会把注意力放在自己和自己的需求上，但这并不意味着你不关心别人的需求。平面设计师可能会对他的表弟说："我很乐意为你女儿学校的拍卖活动设计标志，因为我们是一家人，当然我也想为这项慈善事业尽一分力。很多事情我都想帮忙。但如果我这样做了，我就没有时间完成我的付费工作，并维持生意的蓬勃发展。"因为界限不同，你如何解释自己的立场也会有所不同。唯一的硬性规定是：知道你愿意为别人做什么，而不要让自己陷入不好的境地或滋生怨恨。你能负担得起什么？你的预算是多少？多久做一次？是否有一个具体的目录涵盖你所能做的事，而不是面对永无休止的要求？例如，我建议NFL球员对他们的家人和朋友说："我会尽我所能支付教育或医疗费用，但这是我唯一能做的。"

　　这样的界限在办公室里也很难设定，就像从不关门的经理一样，人们在与自己谈判时甚至没有意识到这一点。例如，谢丽尔是一所大学的经济学教授。她是一个精通数字的人，所以她只关心最有可能的结果和劳动经济学。她是一个很有造诣、很受欢迎的教授，她自己很清楚这一点。大约一年前，她为自己争取了一笔可观的加薪。几个月后，她被要求领导经济学系的行政团队——这是一项为期两年、很耗时的额外工作，而且没有额外报酬。谢丽尔认为她应该接受这项工作——她刚刚获得了这么可观的加薪，而且她希望被视为一个有团队精神的人。后来，另一位教授不得不请假，让谢丽尔接替他的课。谢丽尔被告知只有五节课，他会在第二年回报她，所以她同意了。她再一次希望被视为一个有团队精神的人，她知道因为加薪，她得到的报酬比经济学系里的其他任何人都多。结果，她的同事将缺课十节，而不是五节。谢丽尔不得不加班，批改比她原以为的量更多的作业。

谢丽尔感到问题无法解决。她强忍住重新谈判的想法，结果却错过了机会。尽管她获得了终身教职，工作也很稳定，但她觉得自己必须取悦她的系主任，并迁就这位教授。现在她很沮丧，对她部门的大多数人都很生气。她感到工作量过大，却得不到赏识。她丈夫对此也不太高兴，因为她现在大多数晚上都不在家里陪孩子，这增加了丈夫照顾孩子的负担。在她争取加薪的过程中，谢丽尔很好地了解了自己的价值，并给了自己一个恰当的自我描述，这一点她做得很好。但后来她取悦的本能开始发挥作用，结果她失去了大部分已经得到的东西。

像谢丽尔那样付出怨恨的代价可不是小事。她把自己的需要放在最后，认为这么做是高尚的，或者说是正确的。我经常在创业者身上看到这样的问题，他们没有看到他们真正应该做的权衡。在某些情况下，这会导致倦怠、离婚或家庭不和。它会导致你离开你可能喜欢的工作。取悦者不太可能考虑这些成本，他们相信自己能处理好。这就是使这个习惯如此危险的原因。讽刺的是，正是出于避免惹是生非的愿望，取悦者才痛快答应这些要求的。

虽然这些都是职业上的例子，但个人的例子也随处可见。在我的朋友玛丽亚的第二个孩子还是婴儿的时候，她经常感到很累，每当她的丈夫问她是否可以一个人带孩子，这样他就可以和朋友见面或者去野营时,她总是不假思索地就答应了。她希望丈夫快乐,所以每次他提出要求时,她总是说"好的"。但后来她发现,每次他回家,她就越来越气愤。他去不是他的错——是她叫他去的,但她这么做是一种条件反射。随着时间的推移,她学会了不立即回答他的问题。她仍然想说"好的"——她经常会这么说——但她知道她需要花点时间认真考虑自己是否有能力一个人照顾好孩子。她会问自己:"如果我说好的,我会不会在他回家时怨恨他呢?"如果答案是会怨恨,那么他们就会一起考虑另一个选择,无论是找一个保姆,还是确保那天她也有属于自己的时间。

在我们关心别人的时候,我们觉得拒绝会伤害他们。我们不想让他们感到被轻视或者被拒绝,在玛丽亚的例子里,她还想保持她为自己设定的角色认知,做一个通情达理、随和的妻子。但是,当你本能地做出过度承诺时,愤怒的积累就会无法避免。

害怕被拒绝

就像取悦者害怕说"不"一样,他们也害怕听到"不"。这种恐惧在我们的心灵中占据了太多的空间,以至于我们根本不想让自己听到它。我们要么不去要求我们应该要求的东西,要么急于结束沉默,因为我们担心这会导致消极的回应。想想看,有多少次我们以"如果这不合适,我理解"或"这当然可以商量"这类表述来结束谈话或电子邮件。为什么?为什么我们要立即提供一个轻松的解决方案？因为我们已经告诉自己，他们会拒绝我们，我们是如此害怕这个词，所以提供缓冲会让它不那么可怕。当人们意识到自己会经常不假思索地这么做时，他们自己也会感到震惊。我的一个朋友告诉我，她一直没有意识到自己有这种倾向，直到她帮年幼的女儿写了一封请求学校募捐的电子邮件，并鼓励她在邮件结尾写："如果这行不通，我完全理解。"在我们训练勇气之前，我们就先训练了后退。

杰森·科梅利是一个普通人，他是一名从事自由职业的 IT（信息技术）专家，当他意识到对"不"的恐惧阻碍了自己时，他把听到"不"做成了一个游戏。他决定他要习惯听到"不"。他的目标是每天都被拒绝，所以他会向陌生人提出一些他大概知道他们会拒绝的要求，比如搭顺风车在城里兜风，或者给他还没买的东西打折。[4] 这种脱敏疗法对他来说太有效果了，所以他把它做成了一种叫作"拒绝疗法"的纸牌游戏。他告诉 NPR（美国全国公共广播电台）关于故意被拒绝的经验体会："之后你会感觉很棒，你会觉得'哇！我没有屈服于恐惧'。"我真的很喜欢这款游戏的理念，尽管这种戏剧性的沉浸感并不适合所有人。我非常害怕蛇，但最不可能帮助我克服这种恐惧的方法就是被这些滑溜溜的动物包围。光是看到这些画面就足以让我心脏病发作。然而，重点不在于脱敏疗法是不是克服对"不"的恐惧最有效的方法，而在于"不"这个词对许多人来说是如此可怕和令人麻痹，以至于他们被迫以某种方式削弱它对他们的控制。

我花了大量时间和我的学生谈论对听到"不"的恐惧，但我的方法不是脱敏,而是从不同的角度看待整个交流过程。不要把"不"看作拒绝,而要把它看作更广泛的对话中的一条信息。你还能从这个"不"中得到什么其他信息吗?它能让你想到什么?

不可否认,有些"不"太糟糕了。如果你的助学金或工作申请被拒绝了,比如收到一份正式拒信,你就会很痛苦,所以人们很容易逃避"不"。我教导人们要树立信心去转变。拒绝仍是信息。如果拒绝者愿意,你可以试着找出你被拒绝的原因,这样下次你就可以做得更好。当然,这并不舒服,但用伟大的职业冰球运动员韦恩·格雷茨基的话来说:"你永远投不进你没有投出的球。"

这与电话推销员不接受拒绝的方式非常不同。他们通常都是按照脚本进行的,不会进行更深入的谈话,不会问问题,不会让你挂断电话。因此,你会觉得自己没有被倾听。这足以让任何人抓狂。我所推荐的方法是非常不同的,就是保持好奇以及不要害怕保持对话。

创业者们也有自己的"拒绝疗法"游戏,因为他们融资和获取客户需要经历一次又一次的拒绝。他们必须从那些拒绝中吸取教训,否则他们将永远无法起步。塞巴斯蒂安·杰克逊被拒绝了三次才获得韦恩州立大学的同意,得以在校园里开一家理发店。他说:"第一个'不'很难回答,因为我听到的是'不'。但有人鼓励我弄清楚为什么我会被拒绝。对我来说,这是一个获得灵感的时刻。"不过,他要求召开会议了解为什么被拒绝的请求也被拒绝了,所以他在韦恩州立大学内部找到了一个了解学校如何进行商业决策的人。这个人说，被拒绝与其说是商业模式的问题，不如说是塞巴斯蒂安个人的问题，因为他曾在之前那家失败的校园理发店工作过。是什么让塞巴斯蒂安认为他可以拥有一家理发店并取得成功的呢？决策者们不相信他有答案。

塞巴斯蒂安开始解决这个问题。他寻求了一封可以说明他个人能够给理发生意带来什么贡献的推荐信，把它提交给学校，并再次提出请求。他们再一次拒绝了。这一次，他们告诉他，这是因为他的商业模式不稳定。所以他从头再来，制定了更加清晰的商业模式方案。学校第三次拒绝了，解释说他没有足够的钱来完成他想做的事情。塞巴斯蒂安仍然没有放弃。虽然他可能没有多少钱，但他确实有足够的钱来支付理发店的租金——这里正因为没有租客而赔钱。最后，学校让步了。塞巴斯蒂安用这么多次拒绝作为数据，表明他有毅力取得成功。（顺便提一句，塞巴斯蒂安的理发店"社交俱乐部"大获成功。除了理发，"社交俱乐部"还是底特律的一个社交联结者和社区建设者，我下文再讲。）

信不信由你，当你开始把"不"看作谈话中的一项数据时，那么你在得到一个直截了当的"是"的时候，就不再感到满足了。"不"让你们有机会深入交谈，更好地了解彼此。事实上，给你更多信息的好的"不"，比坏的"是"更有价值。

不适应沉默

弗朗西斯·培根说过："沉默是积蓄能量的睡眠，未来它会开出智慧之花。"取悦者应该注意，因为取悦者往往不会在需要的时候让事情顺其自然。我的学生詹姆斯说："我讨厌沉默。我感到这种焦虑困扰着我，因为它让我感到不舒服，所以我感觉需要填补一些空白。"但是，如果你太早介入，你就不会给自己时间思考如何回应，也没有给对方时间解决事情。保持沉默需要很强大的自信，尤其对于那些总是在推销的创业者来说。他们会经常怀疑："哦不，是不是太贵了？""哦不，我是不是失去这一单了？"

詹姆斯说："有时候事情要顺其自然，不能立即得到解决。有时候，对方需要时间来处理事情。但是试图想出一个解决方案，试图立即解决问题，并不一定能解决问题。"詹姆斯努力在他的职业生涯中实践这一点，并不得不深入研究以理解为什么这对他来说如此困难。他说："当事情悬而未决的时候，我会很纠结。对我来说很难进入下一个问题。如果我察觉到客户会对我生气或失望，我就想马上解决它。"

詹姆斯已经把适应沉默作为一个目标，并且积极地实践，就像他积极地练习不要马上"解决"问题一样。他说："在我所处的商业环境中，慢速反应……反而会带来更有利的结果。也许与其降低成本，我不如想出一个更便宜的方式生产产品。我不需要削减成本。我正在给消费者一个更好的价格或价格点。我发现这对我的商业发展非常有益。"了解适应沉默很重要是一回事，但真正适应沉默完全是另一回事。正如詹姆斯所做的那样，练习是有帮助的——但自信地提问也是有帮助的。如果你知道你的提议是有坚实根据的，顺其自然就容易得多，不要匆忙地以某种方式补偿你提出的要求。

就我个人而言，当我坐在对方面前时，我觉得沉默很舒服。我仍然能够收集到很多信息，比如他的姿势，他头部倾斜的角度，他脸上细微的表情。随着物理距离的增加，我开始觉得沉默不太舒服。我不太适应电话里的沉默，但我尽量不去关注那一片死寂。我经常在等待的时候通过发电子邮件或查看收件箱来消磨时间。电子邮件沉默最遥远，对我来说也是最不舒服的。例如，如果我给一个潜在客户发了一份提案和建议费用结构，但没有立即得到回复，我会有点抓狂。那时候我的脑海中就开始想各种事情。我开始觉得他们被我的高额费用吓到了。我开始怀疑自己是不是名不副实，是不是报价太高。我感到不安和不确定，总的来说我不是很愉快。不过，我没有立刻回信："一直没有你的消息。只是想跟进下。我想让你知道我的建议是完全可以商量的。"相反，我去找了一个朋友，他很了解我，非常清楚当我面对电子邮件沉默的时候，我的信心会动摇。他说我反应过度了，并向我保证我的出价是合理的。更重要的是，他让我想起了我的成功以及我对组织的价值。他让我恢复了自信。正是因为这些提醒，我找回了耐心，并决定踏实等待。我静观其变。我等待并在这个过程中保持信心。

正如并不是每个人都会为电子邮件沉默而纠结一样，也不是每个人都有非常适合提醒劝解的朋友。因为这都是私人问题，所以很难给出纯粹的指令性指导。你必须找出自己的弱点在哪里——无论是电子邮件、当面交流还是电话交流,然后努力鼓励自己,将内心的怀疑拒之门外。

小结

现在我长大了,我可以想象我的父母离开他们在伊朗的家,离开他们的家庭,用一种新的语言和文化重新开始生活是怎样的感觉。毫无疑问,这是可怕的、孤独的、疏远的,他们的动力和许多移民的动力一样:希望他们的孩子有一个更好的未来。

作为一个在马萨诸塞州和新泽西州长大的孩子,我并没有真正理解这一点,或许我也不想理解。我所理解的是,有两个不同的我。在家里,我是莫瓦利德[*],说波斯语,既尽职又顺从。我被体育运动和运动比赛所带来的活力所吸引,但从未被鼓励去参与运动。相反,我做了被期待做的事情——从事研究工作。

在家以外,我是莫里,说英语,穿着我喜欢的衣服,做着我喜欢的事情。我会等到达学校后再化妆,不一定是因为我觉得妈妈会说我不能化妆,而是因为在家里化妆感觉不太好。随着年龄的增长,我参加派对、约会,做其他美国孩子都会做的事情。我过着双重生活,但这并不意味着我叛逆。我从不做任何冒犯父母的事——事实上,因为我知道这会让他们失望,所以我经常向他们隐瞒我被同化的迹象。我不想给任何人带来痛苦。

---

[*] 莫瓦利德(Morvarid),是作者的伊朗名字,在波斯语中意为"珍珠"。——译者注

当我离家去上大学时，我的父亲希望我学医。为了让他高兴，我学了医。我为准备从事医学工作而度过大学生活，却从未享受过这个过程。我总是逆流而上，努力在那些我一点都不感兴趣的课程上出类拔萃。我想上历史课、经济学课和政治学课，而不是生物课、有机化学课和物理课这些为达到我的专业要求而上的课程。我在实现父亲的梦想，而不是我自己的梦想。当我鼓起勇气告诉他我很矛盾、我不想学医时，我们好几个月没说话。在我准备好永远离开医学院之前，我参加了MCAT（美国医学研究生院入学考试）。我觉得自己背叛了父母，他们冒着一切风险离开自己的国家，就是为了让我获得更多的机会。直到现在，我仍然在想，我没有实现他们对我的期待，我是不是辜负了我的父母？但我不得不停止为取悦他人而生活，担心自己永远找不到自我实现——无论那意味着什么。

我妈妈也有她自己的恐惧，尤其是关于我的个人生活。我二三十岁还没带回家一个不错的伊朗男孩，她就开始担心了。她时不时地向我施压，要求我结婚生子。与此同时，在她不知道的情况下，我正在约会，甚至打算和一两个男人认真交往。但我从不放任感情发展。如果这个男人不是伊朗人，我就知道和他在一起意味着拿我和家人的关系冒险。他必须很完美，我才可以为他冒这个险。如果你看过电影《大病》，你就知道我在说什么。在这部电影里，喜剧演员库梅尔·南贾尼表面上顺从了他来自巴基斯坦的父母的意愿，但却爱上了一个白人女孩。当这个女孩得了一种神秘的疾病而昏迷后，他的双重生活也到了尽头。

我的处境也逐渐到了紧要关头，但并不是因为什么戏剧化的事情。有一次我去父母家，我妈妈请了一个朋友过来，原因不言自明。这个朋友的另一个朋友有一个各方面条件都不错的儿子，她想让我见见他。我当时33岁，按照伊朗人的标准来看，这个年纪早该结婚生子了。但按照我的标准来看，我已经长大了，父母不能干涉我的爱情生活。我甚至不想见这个人，因为在我的脑海里，我把伊朗男人等同于大男子主义和我想要远离的伊朗传统。如果我的父母要给我安排婚姻，我知道那一定是他们想要的，而不是我想要的。我很生气。在我妈妈的眼前，我从他们习惯的顺从的"杰基尔医生"变成了疯狂的"海德先生"*。我的家人以前见过我生气，但从来没有见过我像这样。这就是取悦者的陷阱：我没有设定界限，我一味取悦别人，然后我就失控了。

我飞回自己在华盛顿的家，等了一两天才给我妈妈打电话。就像我停止学医时对父亲所做的那样，我设定了一个界限。我说："听着，我已经接受了我们的传统，做了很多你希望我做的事。但是关于爱情，我不会让你们替我决定，这个决定只能由我来做，而不是你们。"

妈妈很安静，我继续说："我不会说永远不会，但我要嫁的人很有可能不是伊朗人。我知道这会让你很伤心。但我再也受不了这种争吵了。别让我的愤怒伤害你。别再插手了。我会没

---

* 杰基尔和海德是小说《化身博士》中的人物，杰基尔医生喝了一种药剂，在晚上化身邪恶的海德先生四处作恶，他终日徘徊在善与恶之间。后来杰基尔和海德成为心理学"双重人格"的代称。——译者注

事的。我嫁的男人会很棒，只是他可能不是你期待的那种人。"我知道挂电话的时候妈妈很难过，但我的呼吸突然变得轻松多了——好像我的肺找到了一个全新的隔间。我找到了向妈妈表达真实自我的勇气。

我不能说当我的父母接受我不会成为一名医生，或者当他们理解我不会同意与他们为我安排的男人约会时，争吵就会停止，但一些强大的力量发挥作用了。我不再生父母的气了。当我鼓起勇气停止取悦他们时，当我允许自己把诚实和自我价值放在首位时，我意识到我是在做真实的自己。我只是希望我能早点这么做，在我生命中的一些关键时刻——也许是在我上化学课而不是政治课的时候，也许是在我和一个可以共度未来的好男人约会的时候。

但是，教学并没有让我继续背负回顾过去的负担，而是成了我帮助别人的机会，让他们能够做自己，去追求自己想要的东西。他们自己的欲望和需求很重要，即使他们仍然努力让别人快乐（这本身并不是一个糟糕的目标），他们首先要找到自己的满足感，并为自己争取。

第三章

让失败定义自我

我从未成为父亲希望我成为的医生，但我确实发现公共卫生教育和预防很有趣，这促使我从事预防艾滋病宣传工作。我热爱医疗卫生事业，也很喜欢想方设法为有需要的人提供医疗服务。我决定申请商学院，并在医疗卫生行业寻求职业发展。幸运的是，在我开始申请商学院后不久，我就获得了资助，用于发展我自己创立的艾滋病教育项目。就这样，我与人合伙创办了一家医疗咨询公司，并成为众多努力安抚来自内部和外部质疑声音的创业者之一。我的家人都认为我疯了。不上医学院是一回事，但创办公司、放弃全职工作、推迟攻读MBA呢？我在想什么？因为医学或硕士学位意味着稳定的职业道路，所以对我的父母很有吸引力。企业家精神则正好相反。

不管怎样，我还是这么做了。虽然我和我的导师共同创立的公司一开始很成功，但当公司最大的客户没有续签我们本认为是确定无疑的合同时，我们遇到了麻烦。我们指望着那份合同，结果财务上周转不灵了。债务问题似乎无法解决，同时宏观经济也出现了严重的下滑。我的合伙人觉得我们需要让大部分员工离职，以避免可能发生的破产危机。

我觉得不该这么做。我想继续留住员工，考虑到目前的经济状况，我担心他们的就业前景。甚至对于我们的供应商，我也有一种强烈的责任感，认为应该确保我们能按时付款。我们做出了过度承诺，但这不是他们的错。甚至我不得不从我的个人账户中取出钱，在我看来，我们有义务偿还债务。我的合伙人比我年长得多，有几十年的商业经验，对他来说这只是生意上的事，与个人无关。他说："这就是为什么我们是 S 公司*，这就是为什么破产是一种选择——为了在这种情况下保护我们。"

在我看来，破产就是失败的代名词，我不能告诉我的家人，或者那些一直担心我创业的人，公司已经失败了。虽然我们的生意最终挺过了经济衰退期，我们找到了新客户和大项目，但我们的债务还了好多年。在更稳健的财务基础上，我发现从生意中获得的快乐和职业满足感更少了——但我仍然觉得自己必须继续下去。

纳尔逊·曼德拉说过："愿你的选择反映了你的希望而非你的恐惧。"我花了很长时间才意识到，我让童年的伤疤定义了自己，让这种对失败的巨大恐惧定义了自己。为了让我在美国长大，我的父母牺牲了太多，我不想让他们失望。

---

* S 公司（S Corp），美国有限责任公司的一种，常常被称为"内部拥有的公司"。——译者注

没有人一生中没有这样或那样的伤疤。我们中的大多数人都会让自己在某个时刻被它们定义。拥有一段糟糕的感情，我们不会从中吸取教训并勇往直前，相反，我们会发誓断绝关系，或者确信自己只适合那些糟糕的感情。或者我们失去了一份热爱的工作，不知何故，我们相信这是我们该做的，所以我们最好从现在开始竭尽所能地在工作中有所收获。或者我们是在特定的价值观中长大的，即使这些价值观并不服务于我们，我们也无法摆脱。每个人都有伤疤，当我们看不到伤疤的本质时，它们就会阻碍我们清晰思考和有效谈判。

害怕冲突和斗争

从小到大，宋伊对于谈判的定义都很狭隘。在她的韩国家庭里，谈判意味着有赢家也有输家。如果你赢了，另一方就败下阵来。事情结束。她说："过去，我认为我们家的家庭用语是非黑即白的——好像只有一个标准，仅此而已。我要么放弃自己的想法，这样就不会打架，要么变得特别有防御性或者愤怒，然后针锋相对。我们不沟通，只会对彼此大吼大叫。"

她说，作为刚到美国的移民，他们一直被一种斗争心态包围着。她说："在我周围的移民社区里，很多人来这里是因为他们在逃避债务或逃离不称职的配偶。人们承受了很多痛苦，还践踏了他人，为了赢得什么呢？我不知道。也许是自尊，或者觉得自己比别人强。"到美国的头几个月里，她们一家人睡在别人的壁橱里，宋伊的父亲一边上学一边做看门人，同时还在学习成为一名牧师。他慷慨大方，热心帮助别人，结果却被别人利用，给他留下了大量不良信贷，家庭环境紧张起来，并陷入争吵。她说："我看着家人为父亲的慷慨给我们带来的压力而争吵，心里便想'做个好人不可能不被别人欺负'。这让我明白了谈判到底是什么，一个人受益，另一个则被压制或淘汰，或者最终陷入债务的深渊……我害怕谈判。我认为这是一场冲突激烈的战斗。"

在宾夕法尼亚大学读本科时，宋伊报名参加了我的谈判课。她表示："我的最终目标并不是成为一个'硬汉'——我想上这门课程的原因是，谈判让我感到不舒服。我知道我不开心，也不擅长要求自己想要的东西。我想直面这一问题。"

在我的课上，她不得不克服她的伤疤——一种她已经内化了20年的信息和存在方式。她不再坚持黑白分明的框架，而是逐渐将谈判视为解决问题的方式，其中包含着无穷无尽的复杂性和细微差别。她发现自己喜欢这个过程——她喜欢了解别人的信息，并找出他们的兴趣交集。她还发现自己天生就很擅长这个。她是一个善于倾听的人，同学们都很尊敬她。

长期以来，宋伊一直被教导，韩国女性不应该要求自己想要的东西，更不用说为之而战了。她们应该首先为别人服务，最后才想到自己。理智上，她不相信自己的欲望和需求是无关紧要的，但当到了"提要求"的时刻，她却很难开口。这在课堂上变得非常明显。将自己的需求宣之于口让她很纠结，但在练习中她为买家做房地产经纪人时，她可以整晚充满信心地为她的客户辩护。她说："我有能力保持坚定自信并为一些事情而战，这令人震惊。为什么我不能为自己做这些呢？"一旦她意识到这一点，她的一切就开始改变了。她努力吸取过去的教训，但不让过去支配她的习惯。

课程结束后，她去了泰国旅行，在那里她向新的思维方式迈出了一小步。她说："当我准备预订机场接送机服务时，航空公司告诉我，需要收取300泰铢。然而，第三方发布的原价是250泰铢。现在，我意识到，对于一些人来说想都不用想就会要求原价250泰铢，但受到过去行为的影响，我通常会避免潜在的冲突与对抗，而接受300泰铢的价格。从大的方面来说，50泰铢的差价相当于1.5美元左右，以一包口香糖的机会成本刺激泰国经济也不会要我的命。然而，我决定试着做一个有骨气的人，至少要说出来第三方公司承诺过250泰铢的价格，然后我收到一封电子邮件说250泰铢就够了。我知道客观来说，50泰铢并不多，但我必须克服很多心理障碍才能做到这一点。"

宋伊早期的谈判经历对她产生了巨大的影响，这些都是通过小习惯和小决定形成的。正如她所说，机场接送服务的差额只有1.5美元。很多人会忽略这一点差额，觉得算了。但是宋伊准确地注意到，她的顺从已经成为一种习惯、一种处世方式。为了改变这一习惯，她需要打破自己无意识的行为。她需要开始用一些好的谈判经历来替代那些糟糕的谈判经历。

美捷步为宋伊提供了她大学毕业后的第一份工作，这对她来说是一个激动人心的时刻。但她对美捷步提供的薪资感到失望。

她说:"我想,这感觉不太好。我知道这份工作是在拉斯维加斯,拉斯维加斯的消费水平很低,但真的低吗?我很害怕,我想,如果我要求更高的薪资,别人会觉得我事儿多。我会让别人觉得我要求很多。我应该减少我的损失,接受这份工作。但后来我挑战了自己。"她小心尝试了一下,这是她以前不会做的。"我说,我很高兴能和你们一起工作,但是底薪有点低。我很抱歉。"美捷步以更高的底薪做了回应。

到下一次工作谈判时,她已经不再需要道歉了。在那之后的谈判——为了她现在的这份工作——更顺利了。她说:"他们提供了很高的底薪。"她知道有三个要素在起作用:基本工资、签约奖金和股票。在她准备反问之前,她深入研究了这三个领域,提出了有关免税的详细问题。"我开始问自己,我真的在乎基本工资吗?我想要满足的需求是什么?我想改变什么?"她意识到,她想要的是弥补因违反与前雇主的雇佣合同而造成的损失。她还在想她未来的老板希望满足什么需求,什么会让他们觉得舒服。他们共同努力找出了一个适合双方的解决办法。

她的做法只是从小到大秉持的"争取胜利"的心态。但对宋伊的新谈判方式最大的考验是她与父亲发生冲突时。她的家人最终搬回了韩国,而宋伊留在了美国。她经常会收到父亲的电子邮件,给她介绍他想让她约会的男性。她说:"一开始,我觉得这很令人生气和讨厌。"和我一样,宋伊对被父母安排的约会没有兴趣。"然后我开始转变并思考,我怎样才能帮助他认识到我的世界观呢?他认为的正确答案不一定是我认为的正确答案,这其实没关系。"她发现，他们有一个共同的目标，那就是他们都希望宋伊能幸福，过着充实的生活。"我们可能对生活有不同的看法，但我们都希望我幸福。"现在，她不会生气，不会拒绝对话，而是告诉父亲，她考虑了他的建议。她也开始和父亲分享更多的生活，展示没有婚姻她也能幸福和满足的方式。她把他带进了自己的世界，这样他们在心灵上就更接近了。

不愿寻求帮助

关于琳达·施莱辛格-瓦格纳，人们首先知道的是她令人印象深刻。她从朋友那里借了1 000美元，创办了位于密歇根州的网络零售服装品牌skinnytees。当时，琳达刚刚离婚，身无分文，身兼数职。现在，skinnytees经常出现在《早安美国》的新闻中和《奥普拉杂志》上，平均每年的销售额为400万美元。skinnytees还积极参与慈善事业。琳达是一位人道主义者，曾在世界各地采访"犹太人大屠杀"的幸存者。看着她，你永远不会知道她的生活曾经有多低落，她的生活差一点就完全改变了。

琳达是看着父母经营一家制造公司长大的，所以她对创业的起起落落并不陌生。她观察过他们的工具和模具公司的一切，了解了工厂和商业关系以及履行合同的细节。她的父母在40多岁时失去了他们所拥有的一切，琳达看着他们重新振作起来。她说："他们有勇气回到那里，用不同的方式去经营公司。"琳达在很多方面追随着他们的脚步。

作为一个成年人，琳达的婚姻很不幸，但像许多人一样，为了保持家庭完整她并没有离婚。她开了一家儿童商店，不久就转变成了一家针织品制造商。毛衣都是手工织成的，灵感来自古董纽扣系列。在创业的同时，琳达也是家里主要的看护者，照顾她生病的公公。在她的孩子长大、公公去世后，琳达告诉丈夫，她觉得他们再也没有理由在一起生活了。离婚手续办得很快，但要把她的生活和她结婚几十年的前夫完全分开绝非易事。虽然离婚是她的主意，但她又回到了前夫身边。她对此很羞愧，没有告诉任何人。她为离婚和前夫对待她的方式而纠结。随着她的价值感越来越低，她不想让朋友和家人知道情况到底有多糟糕。琳达总是很难开口求助。她的世界观是，无论生活给她带来什么困难，她都应该能够自己处理。

琳达说："我的前夫在情感上和精神上虐待我。我是一个坚强的女人，却认为这是我应得的。他对我说的话是任何人都不应该说的。"

在宿命般的一天，琳达在底特律郊外的故居，她的前夫仍然住在那里。当他外出约会时，他给了她钱，让她去买植物，在房子周围做一些园艺。"我又哭又叫，对他说他有多糟糕，提醒他我是他孩子的母亲。"琳达离开家时伤心欲绝，但她不想给任何人增加负担。她想自己处理这些事情。她觉得她应该能够自己处理这些事情。"我一直在想，在这个世界上，我不希望与我共度一生的人这样对待我。"

琳达弄到了一瓶安眠药。她知道有个朋友出城了，就把车开到朋友家附近，然后把车扔在路边，步行去朋友家。她走进空房子，在楼下的客用卫生间里铺了一条毯子。她打算在那里割腕自杀，但她决定先吃点安眠药。琳达感到很羞愧，很低落，觉得自己很渺小，即使家里没人，也没有人在找她，她拿着手电筒躲在楼上的壁橱里吞下了药片。当她走向浴室打算执行计划的最后一步时，她失去了知觉。48小时后，她在医院里醒来。

琳达在自杀未遂中幸存下来，更多的是运气因素——这就是为什么这个故事在一定程度上是一个警示。正当琳达寻找安眠药的时候，她25岁的女儿——远在美国另一端的旧金山——感到有些不对劲。妈妈不接她的电话，这很不寻常。她打电话给琳达的手机运营商说："我很担心我妈妈。你能查到她的手机在哪儿吗？"手机运营商定位到琳达朋友的家，琳达的女儿报了警。警察破门而入，找到了琳达，叫了救护车。即便如此，琳达也没有脱离危险。急诊室的医生告诉琳达的女儿，琳达可能会死。但琳达还是挺过来了，当她醒来时，她记得急诊室的护士在照顾她。护士告诉琳达："5年前，我也经历过你现在的处境。永远不要让别人击垮你。"

琳达企图自杀的后果很凄凉，她不得不待在精神病区，后来才被换到普通病房。

最后，她的女儿把她送进了峡谷康复中心，这是一家位于马里布的高级戒毒和心理健康康复中心。这些费用都是琳达的一个朋友垫付的，她知道琳达总有一天会还她钱。琳达说："我的朋友来接我并把我带到那里。"不管喜不喜欢，琳达都得到了帮助。

"你沿着这条峡谷之路走下去,那里什么都没有——郁郁葱葱、酷热难耐。"那里只有21个病人,除非他们愿意,否则没有人说出他们姓甚名谁。

"我第一天到那里的时候,引导员把男女分开,他们说:'女士们,我们要用手帕蒙住你们的眼睛。抓住你前面那个人的肩膀。我们将为第一个人引路。'"琳达说,他们缓慢地走了15分钟,每个人都蒙着眼睛,小心翼翼地走在一条崎岖的小路上。然后引导员告诉他们抓住绳子,继续戴着眼罩。引导员解释说,他们在一个迷宫中,他们的任务是找到出口。引导员说:"我们会确保不让你们受伤。如果你需要帮助,请举手。"琳达讲道:"30秒内,他们就说:'好,已经有第一个人找到出口了。'在接下来的几分钟里,很多人都找到了出口,但我仍然抓着绳子。我不知道他们是怎么走出迷宫的。然后引导员说:'还有两个人没找到。如果你们需要帮助,请举手。'我突然明白了。我说:'等等,我明白了。如果我需要什么,就要开口求助。'"琳达破解了密码。"我在那片森林里和我不认识的人在一起。我找不到出口。这一切都是为了让我们寻求帮助。我这辈子从没求过别人帮忙。我过去总是想:'我要自己做这件事。'这就像一个巨大的灯泡在我身上熄灭了。我是一个从不寻求帮助、从不放弃的人,直到我试图自杀。"琳达明白,这种模式在她一生的大部分时间里一直在阻碍着她。

琳达在峡谷康复中心待了一个月,然后回到她在密歇根州的黄色小房子里,重新开始生活。住院治疗后,琳达不再做那些反映她恐惧的选择。琳达说："在我离开峡谷康复中心之后，我说，我才不会坐在我的房子里举行一个失恋派对。我把自己放在交友网站、婚恋网站上。我开始和其他人约会喝咖啡。"这是她以前绝不会做的事。她和前夫断绝联系，开始思考她想做什么，而不是她应该做什么。她通过一个朋友的朋友的介绍认识了保罗，保罗不久前失去了妻子。他们两人一见倾心，现在已经结婚了。

最重要的是，琳达不再排斥向朋友和家人寻求帮助。她曾一度从事不同的工作，后来她的零售商和制造业经历给了她创办skinnytees的灵感。她接受了一位朋友的贷款，这是她以前从未觉得自己配得上的。她开始销售柔软、无缝的背心，适用于所有女性，无论她们的体型大小。

琳达说："个人生活中发生的事情真的会影响到你的职业生涯。我的性格真的改变了。我再也不退缩了。我学会了寻求帮助，现在我一直在寻求帮助。"她参加了高盛的"10 000家小企业项目"，在那里我认识了她。在课程结束多年后，琳达还会和同级的其他几个人保持见面，互相提供支持和帮助。"我学会了如何寻求帮助，这就是为什么我渴望帮助别人。我们互相寻求帮助。这多么强大！"琳达说。无论是她以前的同学，还是她参与的慈善活动，他们都互相帮助。

许多人认为谈判是他们必须自己解决的问题。你不必成为一个对财务数据了如指掌的会计，也不必成为能够制定全面而可靠的合同的律师。我们可以找专业人士来帮助我们准备这些。我们可以在谈判前和朋友或导师谈谈，让他们了解我们的计划，并要求对方给予关键的反馈，这样我们就有了另一个视角。我发现年纪越大，我越能坦然地接受不知道的事情，并寻求帮助。我的目标不是成为房间里最聪明的人，而是以最开放的心态去学习，这样在谈话结束时，我就会变得更有智慧。我很荣幸身边有聪明的学生、成功的企业家、杰出的朋友和导师。如果为了满足自负而拒绝获得他们的智慧，那我就太愚蠢了。当我的学生说："我不擅长谈判，因为我对数字很不在行。"我的第一反应是："感谢上帝，你有这么多会计师和金融专业人士可以聘用！"

竞争意识过强

我的学生帕姆很有竞争意识，有时有些过犹不及，这一点她自己也很清楚。从小到大，她一直觉得自己不得不这样。她是一名非裔美国女性，在底特律这个有着悠久种族冲突历史的传奇城市从事建筑服务业工作——这通常是白人男性从事的行业。她不是通过向每一个遇到的人献花来获得成功的——她必须卷起袖子战斗。

2014 年我遇到帕姆时，她和她的同学正从经济衰退中恢复过来。当我给她的班级布置了一个谈判的场景时，她意识到这是她以前做过的。就像琳达的蒙眼迷宫练习是为了给人们一个"顿悟"（他们需要寻求帮助）的时刻一样，这个案例研究是为了告诉人们，他们需要认识到合作才是关键，而非竞争。

帕姆问我她是否可以不参加这个练习。她说这对其他人来说不公平，因为她知道答案而他们不知道，而且她也不可能从中学到什么。尽管我通常会同意做过的学生不参加练习，但是有些事告诉我无论如何都要让她去做。她从中学会了谦卑。

"我知道什么是关键。我知道如果我们有正确的方法，我们都能赢。但我还是没能做到。我们完全错了。"她解释说，她和团队里的其他人一样，非常有竞争性，竞争、防守和装腔作势压倒了合作。她说："尽管我知道答案，但我仍然得不到想要的结果，这对我来说意义深远。"

帕姆在几十年的生存模式中形成了强烈的竞争意识，这使她不愿意表现出合作的样子。她害怕表现出脆弱的一面，这种恐惧阻碍了交流，并阻止了帕姆达成她知道可能达成的双赢结果。

帕姆从这个练习中获得的是自我意识——她能够清楚地看到自己的伤疤。今后，她可以运用这种自我意识，让自己更加深思熟虑和积极主动。了解到自己有很强的竞争意识，她就可以有意识地做出应对；她可以制订一个计划把她的诱因考虑进去。这个计划也许包括在谈判开始时放慢速度，花更多的时间去了解她的谈判伙伴，这样会弱化她的竞争倾向。也许包括在回应之前等待几秒，和她自己确认一下。也许就像给自己写张便条，不要把任何谈判都往心里去一样简单。我并不是说抑制你最强烈的倾向是一件很容易的事情。显然不是的。这很微妙，也很耗情感。但它也可以带来极大的赋能。

小结

我们不能被所在的位置定义,但是我们所处的地理现实是我们心灵深处的一部分,我们需要认识到这一点。例如,我曾在新奥尔良教过书,在那里,飓风季节的天气预报就显得非常重要。在新奥尔良,你很容易感到无能为力,你的命运不是由你的目标或努力的程度决定的,因为大自然母亲在那里提醒你,她更强大。经历了风暴的破坏和随之而来的经济损失后,我在新奥尔良的学生们一次又一次地振作起来,可他们知道,尽管他们恢复了正常生活,但是他们的门窗随时都可能因日益猛烈的飓风袭击而关闭。然后这些伤害会影响我的学生们愿意提出的要求。

我的学生玛丽·埃伦·斯莱特经营着一家内容营销公司,她参加了高盛的"10 000家小企业项目"。玛丽·埃伦·斯莱特说:"我是路易斯安那州本地人,所以我有很多众所周知的宿命论。大家都觉得我们喜欢派对,但我觉得我们只是觉得每一天都可能是最后一天,因为我们随时都可能从地图上消失。"但她说,她20多岁时以及30多岁一半的时间都住在华盛顿特区,这帮助她摆脱了路易斯安那人的宿命心理。现在她回到了新奥尔良,她会告诉她的新奥尔良同胞:"来吧,有点自尊吧!这真的可行——你可以这样做,你可以这样要求。"

我最近开始在艾奥瓦州教书,我在那里的许多学生都表达了同样的观点。在"上帝的国度"中成长和生活,让他们感到骄傲和被尊重。然而,还有一种挥之不去的不安全感,一种冒充者综合征。这是有道理的。在我们所处的经济环境中，高科技就是一切，然而高科技产业主要集中在沿海地区，而美国中部地区却被忽略了，这滋生了不确定性和怨恨。

在2014年的底特律，这种斗争是显而易见的。他们是被遗忘的一群人。作为一个国家，我们断定他们失败是可以接受的，但是事实并非如此。这付出了代价。那些仍在底特律生活和工作的人非常自豪，但这种自豪与他们经济环境的脆弱性交织在一起。我的学生帕姆说："对底特律的许多人来说，心里满是疮痍，因为无论我们试图做什么，都会被嘲笑。几十年来，底特律一直是全国的笑柄——对那些不了解底特律的人来说现在仍然如此。"他们挣扎了这么久，以至于自我怀疑影响了他们。底特律人是战士，但他们已经学会了降低期望值。当他们被鼓励为增长计划要求投资时，他们总是设定较低的"要求"。他们共同的观点显示出一种疲倦，缺乏希望。

原因显而易见。比方说，一位企业家在底特律经营一家小型企业，为大型汽车制造商提供零部件。这位企业家收到一封来自通用汽车或福特的电子邮件，说由于经济形势影响，如果他想继续获得订单，他就需要削减25%的成本。对于底特律的这些小企业主来说，他们没有多元化的客户基础，削减25%的幅度是巨大的。但他们不能说"不"。他们觉得自己被戴上了手铐，这种感觉已经持续很长时间了。他们害怕要求更多的后果，因为他们害怕被拒绝。他们不会试图找到一个可能对双方都有效的解决方案。他们会想："我怎么可能和一个有这么大影响力的公司谈判呢？"尽管肯定还有其他的公司城镇，大公司经常对其供应商采取欺凌策略，但底特律的情况不同。芝加哥和匹兹堡也遇到了麻烦，20世纪70年代波音公司在西雅图裁员后，有人竖起了一块很快就出名的广告牌，上面写着："最后一个离开西雅图的人会关灯吗？"但是芝加哥、匹兹堡和西雅图的产业多元化了——它们并不仅仅依赖那些使其出名的产业。这些城市也没有像底特律那样受根深蒂固的种族问题的影响。在过去的几十年里，这些城市并没有一直处于落后和贫穷的状态，也没有一直缺乏领导力。这些城市受到了创伤，但不像底特律那样伤痕累累。如果一个人会因为长时间的疲劳和压力而变得抑郁，那么如果一个地区连续多年都是坏消息，情况也是适用的。

要想真正理解这些经济伤痕的影响，看看那些没有伤痕、看待世界的方式不一样的底特律人会很有启发意义。安德鲁·赫梅莱夫斯基在底特律郊区长大，在经济衰退最严重的时候仍在上学。不过，他对做生意充满热情，并注意到一个大好机会：他的父亲戴夫（一位底特律的退休消防员）开始收到超出他供应能力的自制太妃糖订单。戴夫是一名出色的厨师，经常为他的消防队烘焙，但太妃糖的需求是他以前从未遇到过的。为了把太妃糖做成生意，安德鲁离开了学校。10年后，"戴夫的甜牙太妃糖"在5 000多家商店中销售。

安德鲁说："我30岁了，10年前我没有以任何有意义的方式参与经济活动。我没有抵押贷款，也没有生意。"他是在经济萧条时期长大的，成年后他意识到了这一点，但经济萧条并没有给他带来任何创伤。让他惊喜的是，说服人们给他钱并不难。他认为自己在底特律的出身不是一种负担，而是一种加分：他不必与来自布鲁克林或旧金山的所有时尚独立品牌竞争，在那些地方，"戴夫的甜牙太妃糖"可能会迷失方向。他可以在自家厨房里尝试不同的口味，尝试不同的食谱，失败在所难免，但总体上是有创造性的，而这一切不受任何人的控制。

他对产品和市场的信心建立在信心自身的基础上。30岁时，如果不能与大公司客户达成合理的协议，他可以坦然地离开并指出："你不能失去你没有的，对吗？"当然，他知道这些大公司的潜力是巨大的。但这正是关键所在，安德鲁看到的潜力无处不在。

当然，很少有人能毫发无伤地度过一生，安德鲁肯定也会经历他的磨难。然而，关键是要意识到这些考验是如何塑造你的观点和决定的，要让这些考验提升你，而不是伤害你。

* * *

我知道，对失败的恐惧是我的伤疤，它会使我日渐衰弱。我害怕关停我的公司，这导致我做了一些糟糕的财务决定，并继续做着一份让我不快乐的工作。我让它定义了我。

但我的伤疤还有另一面。即使我艰难运营着公司，但我还是进入了沃顿商学院。我喜欢它，我很成功，赢得了同学和教授的赞誉。在商学院的第二个学期，我遭遇了一场可怕的车祸，另一辆车以每小时50英里*的速度撞向了我。我的肋骨和所有跖骨都断了，但当我从急诊室出来时，因为害怕考试挂科，我仍然熬夜学习成本会计。我打了四个月的石膏，在康复期间，我的成绩保持得还不错。我不会逃课，也不会考试不及格。我认识到，我对失败的恐惧可以成为一种动力。

最后，我在沃顿商学院为我的班级做了毕业演讲。我记得自己自豪地站在坐在观众席上的家人面前，站在同学和教授面前，想着我做到了、我收获了。我可以让生意上的伤疤定义我，也可以让此刻定义我。我选择了后者，从未回头。

现在我更在意我的伤疤了。当我面临一个决定，对失败的恐惧又冒头时，我会克制自己。我能分辨出什么时候我的判断受到了冒充者综合征的影响，或者什么时候我脑海中的话是出自我的父母，而不是出自我自己。我知道这对我来说是一场斗争，而且可能永远都是。现在我可以更客观地看待它了。我能分辨出自己是在为那些对我不起作用的旧包袱而烦恼，还是在带着我过去的经验教训展望未来。我很庆幸能克制自己。真正的危险是你根本没有意识到你的伤疤就在那里。

---

* 1英里≈1.6千米。——编者注

第四章

思维误区

纳尔逊·曼德拉很可能是 20 世纪最好的谈判者。他的理想——为黑人争取平等的公民权，结束南非的种族隔离制度——具有里程碑意义。他在监狱里服无期徒刑，有充分的权利和理由大声疾呼自己的要求。但让曼德拉如此杰出，让他的谈判最终如此有效的是，他有能力分离自己强烈的情感，对狱卒以及希望看到种族隔离制度蓬勃发展的人怀有同理心。他是一个实用主义者。他耐心地思考着用什么样的方法不仅能引起南非政府的共鸣，也能引起南非非洲人国民大会的共鸣。在监狱里，他通过在背后进行温和的领导，让双方了解彼此需要听到什么以及如何接近对方，使双方走到一起。他从小观察身为部落首领的父亲如何建立各方共识，并注意到酋长如何"留在羊群后面，让最敏捷的羊走在前面，其他羊跟着走，而没有意识到有人在后面引导他们"。[1]

亚伯拉罕·林肯使用了类似的具有耐心、同理心的方法，他曾经说过："当我准备发言时，总会花三分之二的时间琢磨人们想听什么，而只用三分之一的时间考虑我想说什么。"

普通人可能不会像曼德拉或林肯那样善于沟通，但我们确实也一直在仔细计算如何向特定的受众传递信息，从我们还是孩子的时候开始，我们就知道要等到父母心情好的时候再问我们是否可以吃甜点。尽管如此，当交流被框定为谈判时，我们往往会忘记那些软技能——首先，也是最重要的一点，我们是在和另一个人打交道。

无论你何时进行谈判——无论是关于改变冒险行为、完成一项复杂的商业交易，还是决定谁去倒垃圾——你需要知道两件事：你想要什么，以及怎么做。大多数人花了相当多的时间和精力去担心该要求什么、他们的要求是否合理、他们要求的太多还是太少，但他们很少花时间去思考如何阐述他们的论点。他们不会停下来考虑："如果我这样问，对方会怎么理解？""如果我换个方式问呢？"

多年来，我的朋友克莱一直从事外交礼仪方面的工作。在多元文化活动开始之前，他为政治家和政府官员准备他们需要知道的事情。他会告诉他们国旗应该挂在什么地方，怎么挂——或者是否要挂，如何跟别人握手，甚至为什么他们衣服的颜色很重要。每年，我都会请他来给我的谈判课程做演讲，不是因为我的学生需要知道在与双边合作伙伴的商务会议上送礼的细节，而是因为他们确实需要了解细节有多重要，以及他们能释放多少信号。

这一章是关于沟通的。当我们的交流变得匆忙时，如果你没有投入必要的思考，就会产生很多不必要的问题和不利的结果。在这一章中，我将探讨我们如何以这样错误的方式提出要求，以及为什么会犯这样的错误。

急于求成

我们大多数人遵循着被认为是"老生常谈"的规则——根据定义，这些规则是显而易见的，甚至不值一提。我们感冒了就避免食用乳制品，以为乳制品会使黏液分泌增多（事实并非如此）。我们把三明治掉在地上，但迅速捡起来，想着"5秒规则"*——实际上，细菌感染食物的能力与时间无关。² 当然，每个人都知道高效率总比没效率强。又错了。

让我们直入主题吧，好吗？美国人如果没有效率就一无是处。当你可以一边开车、一边吃东西、一边打工作电话的时候，为什么还只是做开车一件事呢？既然可以从 Instacart（线上杂货配送平台）订购送货服务，为什么还要在杂货店排队呢？人们能够在一天内完成比以往任何时候都多的事情，随着待办事项清单越来越长，社交礼仪被视为是在浪费宝贵的时间。"我应该能在一天左右完成这笔交易，然后回家"是美国商人的常见口头禅。他们想象着飞到东京，第一天见客户，签署协议，然后第二天飞

---

* "5秒规则"是一种世界范围内广泛存在的说法。大概意思就是，当食物不小心掉在看起来还算干净的地上，只要你能在5秒之内捡起来，它就不会沾到细菌，仍然可以放心直接食用。——译者注

回家。他们可以在飞机上订购食品杂货，甚至可以处理电子邮件。不管这是不是做生意的方式（我认为这不是），快速交易是不现实的，而且很少能产生最理想的结果。特别是在那些强调关系的文化中更是如此，比如亚洲、拉丁美洲和中东地区——人们想知道他们是在和谁做生意。晚餐、喝酒和闲谈都是在谈生意之前进行的。关系比交易更重要。这是一个讨好的过程，即使在像德国和美国这样任务导向的文化中，关系也很重要。迪士尼首席执行官罗伯特·伊格尔在谈判收购卢卡斯影业公司的时候，曾在两年多的时间里亲自与乔治·卢卡斯会面，他告诉《纽约时报》，他与这位《星球大战》的梦想家达成了协议，"双方非常信任彼此"。[3] 简单地说，谈判需要耐心。人们始终是人，希望看到和他们谈判的人，也希望被他们看到。

格伦·卡特罗纳在纽约的房地产开发行业工作了几十年。他说，为了得到政府机构的许可，他需要和很多人打交道，但他对其中的不少人其实"心怀不满，对他们所做的事情并不满意"。在他看来，他的工作"是让他们感到足够舒适，放下他们的戒备……我不能想着'我必须完成这件事'走进这样的场景。你所做的一切都是谈判。每个人都想要你能比预期更快地完成任务。但这需要时间，而且我学会了与人相处。我必须考虑到自己将在5年内与这些人打交道这一事实"。

也许最典型的高效环境是金融交易大厅，安东尼·基亚里托就是在这里起步的。他高中一毕业就直接去芝加哥商品交易所工作了。他说："这不是你流露感情的地方，而是一个充满男性激素的环境。"他在那里工作了10年，然后转投保险行业，现在他经营着自己的保险经纪公司。他觉得在这次交流中学到的一些东西——比如去哪里冒险——对他很有帮助，但一些文化因素阻碍了他。"我讲话总是急迫地直接指向目标，"他说，"没有表现出我的个性。"虽然安东尼是一个天生友好外向的人，但他总是认为不应该在谈判中展现自己的这一面。他说："我可以建立融洽的关系，只是我不允许自己这么做。只要我在追求什么，我就会倾向于更保守的态度。我曾经以为公事公办才是正确的方式。"

当安东尼意识到一本正经的方式并不适合自己时，他进行了调整。最近，他为自己的保险业务开设了第二家店，需要找一个办公空间。"本来价格合适，但面积不合适。"他在谈到自己喜欢的一个地方时说，"我想要做的就是快点定下来，然后继续做下一件事。"但他放慢了脚步。他尝试与业主建立融洽的关系。他带着妻子参观了店址。"他们开始了解我，发现我很有责任心，"他说，"所以他们允许我按月付租金，每平方英尺*的租金也比较低。"

如果你不花时间和对方建立联系，而是直接开始讨价还价，那么一旦在数字上陷入僵局，就没有什么可谈的了。没有来龙去脉，就无法建立联系。为政府工作撰写拨款申请的组织一致认为，最难写的就是那些只基于价格的申请。如果你不愿意以最低的报酬做这份工作，你就出局了。没有其他数据点，没有其他信

---

* 1平方英尺≈0.09平方米。——编者注

息交换。相比之下，想想火热的房地产市场在发生什么：买家会给卖家写私人信件，通常包括自己或家庭的照片。根据博弈论的规则，出价最高的人胜出，就这样。这种情况仍然会发生，然而，当出价很接近的时候，提醒人们他们是在和一个人而不是一个数字做生意，就会产生不同的效果。

当你建立融洽的关系时，当你花时间交谈并了解彼此时，这确实会使过程更漫长，它甚至可能增加整个销售周期的时长。但现在你的对手有了其他信息，他可以利用这些信息来做决定或进一步建立关系。交换已经不再仅仅是一种交易。我们将在第二部分深入探讨如何建立关系。

"人善被人欺"

在 1975 年出版的《并购剖析》一书中，超级律师詹姆斯·C.弗罗因德写道："每个人都有自己的谈判风格，最糟糕的莫过于采用一种让人感觉不舒服的谈判技巧，因为建立在明显真诚基础上的可信度，是一名优秀谈判者最重要的单项资产。"近 50 年过去了，大批年轻的谈判者仍然努力把这条建议牢记于心。

我在第一章介绍过的平面设计师珍妮弗就是这样的一个谈判者。在工作多年并与商业伙伴建立友谊后，珍妮弗决定离开她与合伙人共同创办的公司。买断过程让她极度紧张；不仅因为她是一个取悦者，还因为在她的公司里，关于钱的谈话充满了道德负担。

因此，珍妮弗向她的丈夫寻求帮助，解决她的买断问题。他是一名律师，当珍妮弗表示她不愿和合伙人谈钱时，他立刻就翻了个白眼。他的文化观与珍妮弗截然相反：任何涉及谈判感受或说教的内容都会遭到嘲笑。这是生意，不是私人恩怨。

珍妮弗的丈夫起草了要写给合伙人的关于这次买断的所有信件。当他们从第三方评估师那里得到一个数字后，珍妮弗的丈夫代写了一封电子邮件，列出了所有他们应该同意这个数字并立即这么做的理由。邮件很正式，充斥着法律术语，意在尽快达成交易。珍妮弗在邮件的末尾加了一行自己的文字，表达她对商业伙伴的深厚感情，然后把邮件发送了出去。

尽管珍妮弗的商业伙伴同意这个数字，但还是很生她的气。她们觉得她的方式过于正式，对抗性太强。她们觉得她没有尊重她们长达10年的亲密和私人关系。直到很久以后，当她和以前的一个商业合伙人卡丽交心时，她才知道她们受到了多大的伤害。

"我不知道你是否意识到收到那封邮件是种什么感觉，"卡丽说，"那一年我们在财务上非常困难，我以为你能理解，但我们却收到了那封要求苛刻，甚至有点刻薄的邮件。然后你充满感情地结束了这一切，很奇怪。就像是，难道你真的不知道自己是怎么走到这一步的吗？"这个故事特别讽刺的是，珍妮弗的情商很高——这是她最突出的特点之一，但她对谈判感到如此恐慌，确信自己的情商只会伤害到自己，于是她隐藏了原本可能是她最大资产的特质。她向卡丽解释了这一切，卡丽承认了她在这个过程中所犯的错误，两人恢复了亲密的友谊。尽管如此，这仍是一个本来没有必要出现的混乱过程，而且珍妮弗至今仍然没有和她的另一个商业伙伴说过话。

珍妮弗和我一起复盘了这段经历,尽管她知道自己在哪里搞砸了,但她想知道自己如何才能做得不一样。答案在于沟通,完全在于如何沟通。"你可能已经考虑过你的商业伙伴会如何接受你的要求,知道她们会对你的要求做出道德判断,"我说,"难道她们从没告诉过你,如果你用金钱来引导对话,会让她们不信任你吗?"

珍妮弗脸红了:"她们这样做是错误的。她们不应该这样。这是生意。"她在呼应身为律师的丈夫的逻辑和他的文化观念。

"但她们确实是这样。"我提醒她,并指出务实的重要性。我们讨论了她可以用怎样的一种方式和她的商业伙伴交谈来表达自己的请求。她的合伙人重视人际关系。她本可以从这一点开始。她们珍视自己的品牌。她本可以从这一点继续。她本可以在合伙人的地盘与她们见面,然后用她们听得懂的语言使其理解这个请求,而不是用形式和数字来引导她们。

性别偏见

虽然这一小节也与男性有关,但不可否认的是,这里的偏见更偏向另一方。你是对的。不管喜欢与否,性别偏见从来没有像希拉里·克林顿成为总统候选人时那样明显。她所说的、所做的、所穿戴的一切,都通过她的性别镜头被过滤出来。性别刻板印象真实存在。多项研究表明,女性的成就会比男性的成就受到更严格的评判。[4]

当女性提出要求时，她们通常会面临男性不会面临的后果。敢于发起谈判、要求更多的女性，可能会被视为性格严苛、咄咄逼人。她们被认为不那么讨人喜爱而且野心勃勃，而她们的男性同事做同样的事情则会被认为目标明确、经验丰富。

女性企业家，特别是在男性占主导地位的行业中的女性企业家，高度认识到这一困境和双重标准。讨人喜欢是很重要的，她们承受不起被视为爱出风头、贪婪或咄咄逼人。（她们可能一点也不爱出风头、贪婪或咄咄逼人，但在谈判中，感知就是现实。）那么该怎么办呢？

首先，女性没有必要要求更少。她们要做的是把注意力集中在让她们的要求吸引对方上。她们的准备工作不仅要求她们了解自己的利益，设定高目标，并确定支持这些目标的信息，还要求他们考虑对方的观点和利益。情商就是一切。如果你能把握对方的情绪、反应和接受度，你就能精准地驾驭对话。这不仅仅适用于女性——它适用于每一个人，也适用于每一次谈判。

即使在提出要求的时候，女性也认为我们不应该把它当成一场额外的战斗，而应该更多地把它当成一场对我们技能的赞美。当我以前的学生埃斯特——一位出色的女商人，成功地在一家已经客满的餐厅里争取到一张桌子时，和她同行的男人取笑她，说她利用自己是年轻女性的事实来达到自己的目的。这让她很恼火，因为她知道她是在利用自己的智慧和悟性，而她觉得他们在故意忽略她的这些技能。她并不是眨了眨眼，就神奇地弄到了一张桌子——她特意与侍应生建立起联系，把自己当成侍应生的搭档，想出了富有创意的解决方案。当她问我对此事的看法时，我告诉她，女性气质与敏锐的情商密切相关，因此，是的，她利用了这一点，顺便说一句，这很有效。她不认为这是一种贬低，反而觉得这是一种恭维。她把她的友善和共情能力当作力量的源泉。阿娃·杜威内是奥斯卡提名影片《塞尔玛》和女性电影《时间的皱折》的导演，她在接受《纽约时报》的采访时表达了同样的情绪："当你说'女性化'时，人们在某些地方想到温柔，但我在另一些地方想到力量。"这正是埃斯特所展现出来的。

在体育行业工作时，我的女性气质一直伴随着我。我可以作为唯一的女性去参加会议，然后想："哦，你在等简到来吗？太糟糕了，伙计们，我可是泰山！"很多女性都用这种策略。但那不是真实的我。我可能会根据我的观众来夸大或淡化某些特征，但我总是做真实的自己。我会赞美某些人，因为我在关注他们，我知道这有助于定下我想要的基调。这不是拍马屁，而是有情商。我不会说一句站不住脚的恭维话，也不会问一个我并非真心想知道答案的问题。

当我的女学生解释说："我在一个男性主导的行业工作，从来不知道如何处理关系。我很担心自己看起来像是在调情，或是太过友善。"我告诉她们，永远不要为自己是女人而道歉。动用你所有的武器，包括许多女性都很擅长的情商。赞美别人是公平的，只要你是真心的。而穿低胸上衣或短裙来吸引注意力就不合适了。

重要的是，使用情商并不意味着忍气吞声，一旦我感到不受尊重，我就会大声说出来。我的界限是清晰的，我为自己希望被对待的方式设定了高标准——不是作为一个女人，而是作为一个人。在为自己发声时我不再觉得有困难，我总是告诉女性要勇敢地表达自己的想法。但我也不会扮演愤怒的女人，因为我觉得我的一生都被男性边缘化了。那也帮不了我。我们必须不断地思考这些细微差别，这或许是不公平的，但现在事实就是如此。

生意与人际关系无关

我的学生帕姆是底特律一家建筑服务公司的老板，她用痛苦的方式学到了这一课——她学得最多。"我不明白关系的必要性，"帕姆说，然后详细解释了她的意思，"那些想让你过得最好的人，和你并没有亲属关系，但你身上有他们看重的东西，所以他们想与你长期合作。人们愿意把他们的社会资本花在你身上。我区分了'这是生意'和'这是私交'。"2012年，帕姆失去了一份原本会改变她一生的订单。她花了两年时间才意识到为什么她没拿到这个订单，因为买家告诉她，她的价格和技术支持都是最优的。帕姆简单地说："另一家公司凭借他们的关系得到了订单。"

"在我失去订单之前，我虽然理智上知道人们会与他们认识的人做生意，但我真心相信，如果我努力工作，做得很好，我就会赢得订单。"帕姆花了很长一段时间才从失落中恢复过来。"失去订单后，我很受伤，也很生气，但我真的领悟到了这一点。我以前低估了舒适的关系或友情在生意上的力量。在过去，我会认为失去订单是因为种族歧视和性别歧视。但我意识到这并不是故意的。白人仍然控制着合同。因为他们的主要关系是其他白人男性，所以他们要从白人男性拥有和经营的企业中采购。通常情况下，他们无意去见其他人。他们不一定认识非裔美国女性和拉丁裔女性。如果他们不认识我们，那么我们就不在采购池中，我们就没有机会建立关系或获得机会。我必须改变这一点。"

一旦帕姆明白了这一点，她就改变了自己的方法。她的新商业计划是什么呢？"你们会认识我的。"帕姆用了4年时间来摆脱一切让她感到舒适的事物。她参加座谈会，做主旨演讲，尽可能地亮出自己的名字。把自己亮出去就是缺失的一环。她和她的公司现在已经广为人知了。"效果非常好。"她说，"这是我学到的最艰难，也是最重要的一课。"

过度自信

当你过于自信时，你就会搞砸事情。当我说过度自信的时候，不要因为你是一个谦虚的人就立刻把自己排除在外。过度自信很容易掉进陷阱。许多人花了数年时间培养自信，这样做是正确的，因为这对他们的谈判至关重要。我完全支持保持自信（参考第一章）。但在转变为过度自信之前，这是一个非常滑的斜坡，过度自信甚至会影响到我们中最谦逊的人。当它发生的时候，它会阻止我们做好我们应该做的准备。

安东尼·基亚里托在芝加哥商品交易所的经历，以及后来在商界的经历，让他对自己的谈判能力充满信心。当他来参加高盛的"10 000家小企业项目"的谈判课程时，谈判并没有吓到他。"我来上课时并不骄傲，"他说，"但我真的很自信。"

事实证明，他过于自信了。

在一次课堂练习中，安东尼的任务是出售一件稀有的珠宝。他从设计师那里收取的珠宝费用，以及这个特殊系列珠宝的价格逐年上升。他还做过一次特殊场合的销售，但这是在他和一个朋友之间进行的场外交易，他们商定的价格明显低于他的公开销售价格。

当安东尼制定他的谈判策略时，他将场外销售也定为一个数据点，这使他的年增长曲线有所下降。结果，他没有把自己的目标定得足够高。第一个错误是准备问题，因为在现实中，这个数据点是异常值，不需要考虑在内。

其次，他自由地分享了有关场外销售的信息，这降低了珠宝的升值速度。

我通常是支持共享信息的。人们倾向于把信息握得太紧，这切断了创造性思维，阻碍了开放地探索互利的领域（这是第八章的主题）。但在进行谈判之前，你必须考虑一下，如果你要分享这些信息，那这对你有利还是不利。安东尼应该分享他过去公开拍卖的信息，以及这些珠宝的价值是如何持续性、戏剧性地上涨的（就像稀罕物品经常发生的那样）。无论如何，这些信息都是可以免费获得的，通过分享这些信息，安东尼将建立起一种开放的谈话氛围，并解释为什么他的报价是合理的。相反，关于场外销售的信息对安东尼没有帮助。这不应该伤害到他，因为他有充分的理由来解释为什么这个数字会更低，但他并没有真正考虑过这个问题。

如果安东尼没有过于自信，他会准备得更多。如果他做了更多的准备，他会知道不应该分享关于场外销售的信息，一旦被要求提供这些信息，他就应该做好准备解释为什么销售价较低，以减少这一信息的影响。

当他和他的搭档在大多数人之前完成谈判时，他感到很惊讶："我当时很着急。我是最早完成这项工作的人之一。这让我大开眼界。"

当我展示第一次谈判的结果时，他更加惊讶了。（记住，每个人都可以在屏幕上看到其他人的结果，然后我们向他们询问情况。）安东尼的交易不仅是首批完成的交易之一，而且他的交易成果几乎是垫底的。"在现实谈判中，你没有机会弄清楚对方愿意出多少钱，"安东尼说，"你得到了一笔订单，就会认为自己做得很好。"

"这使我醒悟过来，"他说，"我的心态没有摆正。我做了笔记，制订了计划。失败就在计划之中。我不知道我的立场应该是什么，但我认为我知道，我应该多考虑一下的。我还没开口就输掉了谈判。这个练习告诉我，我其实还能做得更好。我需要放慢脚步。"

当心过度自信，因为这会使你的准备工作变得不充分。有人担心自己准备得不够充分，而他们比你准备得更多。他们坚持一丝不苟地专注细节，除非你也这样做，并且对你的要求有一个你相信的可靠的解释，否则他们会达成更好的交易。

我希望我的学生是自信的，但我也希望他们能自然地建立自信，而不是在没有适当准备的情况下进来就说："我对这个东西很了解。"

过度自信的另一个副作用是，谈判者会试图以超出他们所能解释清楚的价格出售某些东西。请记住，从第一章开始，你讲了一个对你有利的故事，但这个故事应该基于数据，而不可能是童话故事。我已经看到许多作为收购目标的企业寻求不切实际的销售目标。它们永远得不到想要的东西，还在这个过程中丧失了信誉。

我几乎在我教的每一门课上都看到了类似的情况。在最近的一个例子中，当一个叫简的学生卖奎宁水时，她把价格定在了每盎司[*]4美元，而数据实际上只能支持每盎司2美元的销售价。

当我问她为什么这样做时，她回答说："买家代表了一家制药公司。"

我没有听明白，所以又请她解释。

"我在制药公司工作，"她说，"他们很有钱。"

我经常从不同性别和年龄的学生那里听到类似的、非常危险的假设。简的策略没有奏效，这一点也不奇怪。事实上，当她的价格远远高于买家能够（或预期）支付的价格时，她几乎被完全排除在交易之外。尽管她最终以每盎司1.50美元的价格出售了奎宁水，但她之前如此高昂的出价却损害了她的信誉。

问题是简没有仔细考虑这个问题。她知道自己想要什么，但却无法用合理的方式说出原因。如果买家问："你是怎么出价每

---

[*] 1盎司 = 29.57毫升。——编者注

盎司 4 美元的？"简除了说"因为我觉得你能买得起"之外，什么也说不出来。这句话肯定不会受欢迎。你不会因为提出合理的要求而冒犯别人，但当你的要求没有意义时，你确实冒犯了他们。

同样，我几乎在每节课上都有类似的对话。练习的细节可能不同，学生的体验可能不同，但始终一致的是，当我要求他们解释为什么他们提出这样的价格时，他们的答案都是"因为我认为我可以以这个价格卖出去"。关于如何做，他们已经妥协了。

小结

到目前为止，本书中的章节只涵盖了问题的一半：是什么阻碍了我们？不过还有很多工作要做。你对我们的谈判伙伴了解多少？怎样才能了解得更多？怎么能把你们的分歧看作一个有待解决的问题，而不是一场争取胜利的战斗？如何主张并保持优势？你可以问这些问题，以及构成第二部分的其他问题，只有明白了你是谁、你来自哪里，你才能真正看清这场谈判。

在我看来，与对方达成协议是重要的一步，但这并不是谈判的结束。因为一旦你们一起努力找到了一个共同的解决方案，你们就有了一扇通向未来其他共同解决方案的大门。你们有着共同的关系、共同的权益和共同的愿景。因为有了信任，此后的每一次对话都会变得更容易。站在这个有利的位置上，你可以说："让我们后退一步。我们能做得比这笔交易更好吗？"从那以后，你得到的将不仅仅是"是的"。

第二部分

高情商谈判

> 我发现，在生活中，只要你真心向往，你就会找到前往你想去的几乎任何地方的途径。
>
> ——兰斯顿·休斯

第五章

开放性思维

我们都在口头上承认，了解一个问题的正反两面是非常重要的，保持开放性思维也是非常重要的。许多人在成长的过程中，脑海中都有阿蒂克斯·芬奇的教诲："只有设身处地，你才能真正了解一个人。"然而，我们并没有这样做——真的没有。在最近的一项研究中，202名美国人被问及他们对同性婚姻的看法，然后被要求做出选择：阅读一些支持同性婚姻的陈述，然后回答一些相关问题，可以赚7美元；或者阅读一些支持相反观点的陈述，回答一些相关问题，可以赚10美元。没有人要求他们以任何方式改变自己的观点，时间的要求是一样的。然而，64%的支持同性婚姻的人选择拿更少的钱，以免读到相反的观点，61%的同性婚姻反对者也做了同样的选择。[1]看来我们只是不想去了解事情的另一面而已。

要想拥有开放性思维，首先并且最重要的是，保持好奇心。你必须提出问题——不仅问你的对手，也要问你自己。这需要真实，并且真正想要知道更多。它需要问"为什么"，并且有足够的自律和耐心去找到答案。不管这个问题是"为什么我的爸爸这么有控制欲"还是"她为什么要买这辆车"，这需要你对自己的偏见保持敏感，并且承认自己当然是有偏见的。即使你是一个真正害怕这种互动的内向者，也需要掌握对话的艺术并拥有运用它们的意愿。因此，尽管你知道在谈判中应该保持开放性思维，但真正要做到这一点非常困难。

分清利益和立场

在与对手进行谈判之前，你必须先内省，这包括问更多的问题。你到底想要什么？你的兴趣在哪里？不要想当然地认为你知道。

对每一次谈判都至关重要的是利益和立场问题，以及它们之间的差异。这是一个相当微妙的话题，但我是这样想的：当你使用谷歌地图（或任何其他导航应用程序）时，首先你要输入你想去的目的地，然后是你出发的地点。谷歌地图则根据你是开车、乘坐公共交通工具还是步行，为你提供各种各样的路线。所有这些路线或交通方式都可以让你到达目的地。在谈判中，你的利益就是你的目的地（期望的结果），所有你可能采取的到达目的地的不同路线就是你的立场。

换句话说，你的利益是你参与谈判的首要原因，也是促使你走向谈判桌的动力。你的利益是你的潜在需求、愿望、害怕或渴望的东西，它不必与你对手的利益相互排斥。你的立场是你实现自身利益的所有可能性选择。人们常常把立场和利益搞混，因为立场更容易把握和理解。例如，假设你正在与一位长期的、高价值的客户谈一份新合同。近几年来，做生意的成本一直在增加，所以你希望以某种方式得到一份更大金额的合同。在与客户会面时，你可能会认为自己在谈判中的利益是从新合同中赚更多的钱，但是，把你带到谈判桌前的很少是钱。你当然想获得一份更大金额的合同，但是你真正想要和需要的，是维护与客户的关系。这是一个大客户，你不能失去他。你们的合作非常稳定，对方按时付款，为你的预期收入提供了一份安全感。因此，更多的钱并不是最重要的——重要的是双方的关系，一旦你花时间做准备，你就会很清楚这一点。

在你们的谈话开始之前，如果你深入了解自己的利益所在，并且仔细思考什么是你在谈判时要首先考虑的，你就会知道，尽管你想从中获得更多的报酬，但是有很多方法可以让你得到你真正想要的东西——与一位非常重要的客户建立长期稳定的关系。在你准备的过程中，你会想到各种可能实现你的利益的场景。也许你可以建议客户签订一份能给你带来更多稳定性的长期合同，或者给你带来更健康的现金流的付款条件。这些选择能够实现你的利益诉求，也能够满足你眼前的资金需要，这些选择可以为你提供各种可能性，同时这些可能性也同样适用于客户。

或者，假设你只是考虑到事情的表面，就是想在这次谈判中获得一份更大金额的合同，并且心中已经有了一个具体的数额。

当你们坐下来谈判的时候，你希望提高合同的金额，而对方拒绝了，接下来你该怎么办？他们不同意这份金额更大的合同，你又没有考虑提供任何替代方案。他们会告诉你，他们没有预算了。谈判无法取得进展，因为你没有提供一个双方都能接受的解决方案，你的思维受到了限制，因此谈判也走进了死胡同。

我在第三章写过宋伊的工作谈判过程。起初，她认为自己只是想要一份更高的薪水，但是当她停下来，仔细想想自己的真实愿望时，她对此有了更全面的认识，有三个因素在影响着她：工资、签约奖金和福利。哪一个对她来说更重要？为什么？只有在更深刻地反思了自己的需求和愿望后，她才意识到自己的真正诉求：她想在合同到期之前离开原来的公司，以弥补她所失去的东西。这给了她很大的谈判空间——她可以通过多种方式满足自己的诉求，并且与她的潜在新雇主合作实现这个诉求。

让我们来看一个更加个人化的例子，一个大多数有孩子的夫妻都会遇到的问题。父母两人正在商量谁在高峰时段去夏令营接女儿回家。妈妈想："这次该轮到爸爸了，他必须去。我已经做了很多事了，我还有很多事要做，不能把时间耗在堵车上。"我们想象一下，爸爸的思考过程也是这样的。如果他们在商量之前没有充分理解自己的潜在利益，那么他们很有可能会吵起来。

这位妈妈的立场是她那天不想开车。但她的利益更为微妙，她真正想要的是不想太累和被家务压得喘不过气来，她希望得到丈夫更多的支持。爸爸在那天有一项重要任务到截止日期，如果他提前下班，他的工作将很难完成。他的立场是那天他也不想开车，而他的利益是他想要足够的时间来完成他的工作。如果这对父母没有考虑他们彼此的利益，他们就无法看到实际上有很多解决方式可以供他们选择。妈妈可以同意去接女儿，因为她丈夫有工作要完成，但是为了缓解妈妈繁重的家务，爸爸可以干点别的，或者提出他可以在那一周每隔一天去接一次女儿。爸爸可能会想到一个朋友的孩子也在这个夏令营，他们可以一起拼车去。如果这对父母不充分沟通其诉求，他们就不可能达成一致意见。

当你清楚是什么在真正驱使你的行动时，你就可以把好奇心投向与你谈判的人。他们的诉求是什么？你也许并不知道，但你可以小心地做一些假设。你可以在对话中对这些假设进行压力测试，但是首先，你需要做一些有根据的猜测。

收集信息，像一个侦探那样。你要尽可能地了解对方的一切。我的学生玛丽·埃伦·斯莱特有一家营销公司，该公司的收入在过去几年里增长了40%，她认为这部分归功于她花了更多的时间去收集对方潜在的利益信息。她解释说，尽管有很多关于谈判的细节她无法掌控，但是"我可以掌控那些我对与我会面的人的了解以及他们的需求"。她说："这不需要我有多聪明或者有什么特异功能，只需要我在与他们交谈之前去看看他们在领英上的个人资料，试着问问他们是否有什么想让我在见面之前了解的，或者去谷歌搜索一下关于他们的最新信息。这不是什么秘密技能，只是需要花些时间。"

但是在这里，你对对方的好奇心就变得十分复杂了，因为在你准备并进行谈判的时候，你必须注意自己的偏见。偏见会以多种形式出现，并且会导致错误的思考，从而损害你的谈判。如果你认为你不会有任何偏见，那么我向你保证，并不是的。

质疑你的偏见

我们经常会认为，我们互动、管理、结交和雇用的人，以及和我们做生意的人，与我们的想法相似。当我们在准备谈判的时候，我们会认为那些我们觉得很重要的信息对对方也很重要。然而，为了有效地进行谈判，你需要质疑你可能存在的偏见。这意味着你不能把起点视为理所当然。

想一想"公平"这个词的用法。经常有学生告诉我，他们只是想要公平，或者这样做不公平。但是公平对每个人来说都有不同的含义。与他人达成一致是非常困难的，因为我们的假设是基于我们自己的价值观、经历以及非常重要的一点——我们的文化。美国人可能认为在外就餐时得到免费饮用水才是公平的，但在许多欧洲国家，这个假设并不合理。对一些家庭来说，主人应该在宴会结束后洗好所有的盘子，然而在另一些家庭，这种场景并不会出现。我们的价值观因人而异，由各种因素（年龄、种族、性别、受教育程度、社会经济地位）决定。这就是为什么"公平"这个词会令人烦恼。对谁公平？以什么标准衡量公平？如果你们的价值观不同，那么你们评价公平的方式也一定不同。如果你想唤起别人的公平感，那么你必须设身处地为他们着想，真正理解他们认为的公平——这取决于个人的视角。

在我的一个课堂练习中，每个小组都有一台救生透析机，学生们必须从候选名单中选出谁能使用它。应该给照顾一个大家庭的母亲吗？还是给救死扶伤的医生？还是给为社会提供就业机会的至关重要的雇主？还是给一个生命还有无限可能的孩子？这几乎总能引起一场激烈的辩论，尤其在我最近的一堂课上。关于什么是公平、什么是不公平的讨论和愤怒是如此激烈，以至于占据了两节课的大部分时间。问题是，有48个学生，因此就有48个关于什么是公平的不同观点。那些最优秀的小组已经给出了一个衡量标准——选择的标准。他们如何评估自己选择的人？是这个人对社会有什么价值吗？是他们如何供养他们要照顾的人吗？还是年龄？当他们建立起这些准则时，他们就可以把它应用到每一个被考虑能否拥有这台机器的人身上。要找到一个大家都认同的度量标准仍然很困难，但这是接近解决方案的唯一途径。

我无意抵制"公平"这个词，但是我鼓励通过一个问题来明智地使用它："公平对你来说意味着什么？"语义在谈判中很重要。你必须有辨识力和条理性，"公平"这个词两者都不占。

"她得到了X而我没有，这不公平。"在一个家庭里每个弟弟妹妹可能都这样说过。但这到底意味着什么呢？我的姐姐经常抱怨说，因为我是最小的，所以我被宠坏了，我们的父母在做某件事时是不公平的。在我看来，她过得轻松多了，因为她只被父母照管着，而我有父母、姐姐和哥哥。我实际上被四个人照管着，这让我觉得不公平。但是她怎么能理解我的理由呢？她的经验是她的，我的经验是我的。如果我们所做的只是争论什么是公平的，那么我们将一无所获。

我们都有过这样错误的先入之见。一种错误的偏见可能是基于种族的刻板印象。这个主题在《黑色党徒》和《抱歉打扰》这两部电影中都有所体现。其中一个例子是，非裔美国人采用了"白人"的电话声音。语言只是语言，但是给电话另一端的人的感知却截然不同。错误的偏见诸如假设飞行员是"他"，或者护士是"她"。我们把自己的想法建立在人工信息的基础上，然后当我们发现自己的假设是错误的时候，就会感到非常惊讶。我教这些内容，但我仍然为此感到内疚！就在最近，我正在查看一处投资性房产，并安排在那里与业主会面。一个家伙出现了，他看起来没洗澡，蓬头垢面，穿着破烂，发型看起来像爱因斯坦一样。我正想着我应该给他一些钱，但他伸出手来和我握手。"你好，我是杰克。"他说，然后解释说他是这栋楼的主人。我想："等等，什么？这栋楼是你的？"我恢复了说话的能力，但发誓要更仔细地审视自己的偏见。

珍妮弗·埃伯哈特花了数年时间研究偏见，她的这项工作让她获得了麦克阿瑟天才奖，并出版了一本关于这个主题的著作。在她小的时候，她住在一个非裔美国人的社区里，当全家搬到一个白人社区后，她注意到那里的学校更好，资源也更好。她还注意到她所有的白人新朋友看起来长得都一样，以至于她很难把他们区分开。于是，她对偏见影响我们的方式以及我们能做些什么产生了长期兴趣。根据埃伯哈特的研究，她童年的反应是正常的。"'他们看起来都一样'这种让人不太舒服的说法，长期以来一直被认为是偏执者的专利，"她写道，"但它实际上是生物学和曝光的作用。我们的大脑更善于处理脸部信息，从而唤起熟悉感。"[2]

埃伯哈特研究了压力引发偏见的方式，并且与警察局合作，密切关注这个问题。[3] 她说，即使警察意识到他们有偏见，但是在他们感到有压力、受到威胁或者不得不迅速做出决定的情况下，偏见仍然会被触发。"我们不可能承受所有持续不断的刺激的轰炸。基于我们的目标和期望，我们常常无意识地选择关注什么和不关注什么。"因此，消除偏见的一种方式是尽可能地放慢一切。她向NPR讲述了她和加利福尼亚州奥克兰市警察局的合作，"他们决定改变一味追逐的政策。因此，他们被告知不要去追逐某个人，而是退后一步，设立警戒线，并请求支援"[4]。

那么，在商业谈判这个远没有那么重要的领域会怎样？研究人员区分了两种类型的思维：系统1思维，快速的和基于直觉的；系统2思维，较慢的和更有意识的（想要阅读更多关于这个主题的内容，可以参考丹尼尔·卡尼曼的《思考，快与慢》）。在谈判中消除偏见的关键——尤其是那些比你的孩子能否得到第二块饼干更重要的事情——是确保你在按照系统2思维工作。小心点，慢慢来。想想分时销售——销售人员坚持要在当天得到答案，以便达成交易，这是有原因的，他们知道这会让买家进入他们的系统1思维。最后，埃伯哈特提醒大家，偏见是一种状态，而不是一种特征。注意你现在所处的状态。

如果你试图在一场艰难的对话或谈判之前想象对方的利益诉

第五章 开放性思维

求，你也许会从别人那里寻求建议，这样你就可以预测你可能没有考虑过的反应。但是如果你只问那些赞同你的人，你就很容易受到证真偏差的影响。你的想法可能会更加根深蒂固，在谈判过程中，当一个你以前从未想过的观点被提出时，你就会被抛弃。你必须有意识地向那些挑战你思维的人寻求建议。去获取其他观点，并与封闭思维的倾向做斗争。NPR《市场》节目的主持人凯·吕斯达尔问一群激进人士，他们中有多少人会听保守派人士拉什·林博的节目或者偶尔看福克斯新闻。没人举手，于是他毫不客气地批评他们，说他们应该去倾听和理解对方的立场，而不是仅仅和那些与他们观点一致的人交流。这样做显然让人不舒服，但对任何谈判来说，这都是必要的。

我的咨询项目包括与组织讨论如何创建更加多样化和更具包容性的组织，以此来留住顶尖人才，促进更多参与，驱动创新，并提升整体的业务成果水平。这项工作和谈判之间的联系可能并不明显，但是我谈到了他们相同的特点，并鼓励人们使用相同的技能。其中最重要的就是应对证真偏差。如果你们只让同一种类型的人来做决定，那么你们就不可能建立一个有效的组织。

多样化的需求并非来自利他主义或者政治正确的立场——尽管这些都是不错的益处。它来自明智的战略，来自对公司保持竞争力所需要的思维多样性的理解。研究表明，在 66% 的情况下，团队决策比个人决策表现更好。如果你让团队更加多样化，如果它包含不同年龄、性别和地理位置，那么这个百分比会上升到 87%。[5] 2015 年，管理咨询公司麦肯锡的一份报告发现，在管理层中具有最高民族和种族多样性的公司，获得较高财务回报的可能性要高出35%。《哈佛商业评论》的一篇文章说："近年来的一系列研究揭示了工作场所多样性的另一个更细微的好处：非同质的团队更聪明。"[6]

多样性和包容性也受到了德勤和NFL等组织的高度重视。看看现在百事可乐一则声名狼藉的广告，会发现让不同的声音参与讨论的智慧很有意义。在这则广告里，模特和真人秀明星肯达尔·詹娜不由自主地加入了抗议游行队伍，她从一个储备充足的冷藏柜里抓起一罐百事可乐，这看起来更像是一种欢庆，而不是激进的抗议。然后，她把一罐百事可乐递给路障前的一名警察。公众随即对这则广告表示了强烈抗议，因为它简单粗暴，没有真正反映或尊重美国的这种抗议的真实本质和带来的牺牲。百事可乐下架了这则广告，并在公开道歉中写道："百事可乐试图传达团结、和平与理解的全球化理念。显然，我们没有抓住重点，我们为此而道歉。"古驰和H&M（瑞典服装品牌）最近也犯了对种族歧视不敏感的错误：前者上市了一款黑色高领羊毛衫，可以把领子拉起来并遮住穿着者的下半张脸，这样看起来像个黑人的脸；后者发布了一张非裔美国小孩的照片，他穿着运动衫，上面写着"丛林中最酷的猴子"。多样性和包容性的问题无处不在——在大学里、在娱乐界、在银行业以及艺术领域。决策层缺乏对这些问题的关注困扰着这些行业，从而使偏见延续至今。在时尚圈，这些项目没有经过审核，也没有适合的人指出这些服装的设计有多么冒犯人。[7]

这是如何发生的呢？还记得我在本章的开头引用的那项研究吗？关于那些宁愿赚更少的钱也不愿阅读其他观点的人。参与者不想听到相反的立场，觉得这样做"会产生认知失调——因同时持有两种相反的信念而产生的心理不适"。[8]但事实是，除非我们全力以赴，否则我们不可能成为强有力的谈判者。

保持好奇心

在谈判前所有的准备工作完成之后，就是会面阶段，在这个阶段，你将与谈判对手交换信息。即使是在电话里，你也不会马上开始讨价还价。相反，交换信息需要你花时间去了解对方。你对这个人的一些了解可能会影响你如何处理谈判——你必须准备好对你提出的任何脚本进行调整。这和科学实验的原理是一样的：假设，求证，然后调整。如果你发现你的假设是错误的，你不需要放弃你的目标。但是，你可能需要找到一种别的途径来达到这个目标，或者修改你的目标，以反映对话中引入的新信息。也许你会发现你想给孩子买的玩具比你走进商店之前预期的更受欢迎，你的诉求还是一样的——你想要那个玩具——但你必须更有创造性地审视一下你的预算，或者看看二手市场，因为你发现这个玩具是限购的。这就像在高速公路上开车，却发现出口关闭了。你仍然想要你的结果，但是你可以对到达目的地的其他方法保持灵活性，你甚至可能会惊讶地发现一个更好的方法。

始终保持发现事实的模式，而不是感觉受制于剧本。选择好奇心而不是确定性。正如列夫·托尔斯泰在《天国在你心中》一书中所写的那样："即使是最迟钝的人，如果还没有形成任何概念，也可以向他解释最困难的问题；但是，即使是最聪明的人，如果他坚信自己已经毫无疑问地知道摆在他面前的是什么，那么他也无法把最简单的事情弄清楚。"

信息交换包括提问、对对方表现出真正的兴趣、创造一种自然的让双方都感到轻松的融洽关系。我总是认为，在初步报价之前发生的信息交换是"纯粹的"——你对你的对手感到好奇，想要更多地了解他们，以及在某种程度上可能会影响交易的一切。信息交换需要时间——但不要着急。在开始实际的谈判之前，你了解的内容越多，你就越有可能参与一场深思熟虑、以共识为导向的谈判（因为你们已经成功地建立了对共同兴趣的理解），并且避免出现意外。换句话说，在开价之前，你已经完成了大部分工作。甚至是在对方出价后，信息交换也不会停止——你永远不会关闭了解更多信息的大门。然而，一旦对方出价，了解信息就不再那么单纯了。在你想知道更多的时候，这个报价已经在你的脑海中根深蒂固了，为讨论提供了一个背景。

即使你赞同理论上来说信息是值得我们花时间的，工作也才刚刚开始。这就是谈判的艺术，而这并不容易。如果你的对话方式不当，你的对手可能就会觉得他们正在接受审问或面试。但是你越多地参与对话，问一些开放性的问题，你就越善于建立真实的联系——这与"好吧，我需要先闲聊几分钟，然后再谈正事"的想法是非常不同的。你在谈话方面做得越好，你就越会发现它一点也不无聊。NPR 的访谈节目《新鲜空气》的主持人特丽·格罗斯曾因擅长交谈而成就了辉煌的事业。她在接受《纽约时报》的采访时表示，"介绍一下你自己"可能是开启谈话最有力的方式。[9] 它不做假设，就像问"你是做什么工作的"一样，它可以让你的同伴在他们想要的地方开始谈话。另外，人们总的来说还是喜欢谈论自己！

如果你不想让对方觉得你问问题是为了操纵他们，那么你的好奇必须是真诚的。如果你问了一个问题，即使是最基本的问题，比如"去年夏天你去哪儿度假了"，你也必须认真倾听答案。不要问对你没有意义的问题。戴尔·卡内基写道："欣赏和奉承之间的区别？这很简单。一个是真诚的，另一个是不真诚的；一个是发自内心的，另一个是随口说说的；一个是无私的，另一个是自私的；一个广受赞誉，另一个则受到普遍批评。"[10]

如果你因为讨厌闲聊而觉得这种推理让你局促不安，那么我懂你。我也是这样。我是一个性格内向的人，但总是要参加各种招待会。环顾四周，周围几乎都是陌生人，我的第一反应就是拿出手机，看看电子邮件、体育比分或新闻。因为我不想和别人聊天。

我并不是建议你强迫自己成为一个外向的人。如果我突然在一个满是陌生人的聚会上努力成为大家关注的焦点，会让人觉得我很虚伪。相反，我会引导自己稍微对他人流露出一些好奇心。我注意到，当我决定在回到体育比分和新闻的"洞穴"之前稍微动用一点好奇心时，令人惊奇的事情发生了。比如，我看到一个女人，她看起来和我没什么共同点，但她穿的鞋子非常好看。我承认我是一个买鞋狂，所以当我和她聊到关于鞋子的事情时，我是真心的。我可以找到一个自己真正感兴趣的角度，并结合充满好奇心的意图，对话的流程和我学到的东西都是值得注意的。

罗切斯特大学的一项研究表明，这样的好奇心在人际关系中非常重要。[11]这项研究将参与者配对，在让他们交谈之前，先检测他们的好奇程度。研究人员给这些参与者分配了两种谈话方式，一种是闲聊，另一种是亲密交谈。在实验中，好奇心较低的人在产生亲密感的情境中能体验到更亲密的感觉，而在闲聊的情境中则不然。此外，那些被认为有高度好奇心的人，无论谈话的内容是什么，与伙伴之间的亲密感都更强。简而言之，他们与他人的联系更紧密。由于高度好奇的人与他们的谈话对象更亲近，他们自然会获得更多关于这个人的信息，从而产生更有创造性的解决方案。双语鸟公司的创始人萨拉·法尔扎姆过去常常害怕涉及谈判的会议。后来，她意识到她喜欢与人见面，也喜欢听他们的故事。如果她把这当成关注的重点，那么她会非常期待这种会议。你可能还记得萨拉是犹太人、墨西哥人和伊朗人。她会说四种语言，她工作的全部目的就是帮助孩子们欣赏其他文化。

"我真的对人很感兴趣，"萨拉说，所以她觉得提问是很自然的，"我会问：'你在这里工作多久了？我看到你姓马丁内斯，你会说西班牙语吗？跟我说说吧。'他们告诉我自己的故事，关于他们的家庭和家乡。每个人在某种程度上都是移民。"

萨拉如何开启这些对话取决于她对对方文化的了解程度。例如，当她与一个来自中东的人谈判时，她会把一切关注点都放在共性上。"我努力让对话成为一种体验。例如，在伊朗文化中，人们来做客，主人会铺开红地毯欢迎客人。他们不会只让你随便吃点什么就结束了。他们会带人来为你唱歌。所以我试着重现这种体验。我说：'让我们来喝杯茶，好好聊聊吧。'"她展现出自己的部分个性，这将表明她与他人有共鸣。

"这样做是有意义的，"她谈到优先考虑的信息收集时说，"因为首先它是真实的，其次人们喜欢它，最后我也喜欢它。"她还表示："即使我没有谈成这笔交易，我也觉得自己学到了很多。"

萨拉毫不掩饰自己的好奇心。好奇的谈判者会注意到一切，并像侍酒师对待葡萄酒一样对待谈判。作为侍酒师，你不会只使用一种感官。你不会问："白葡萄酒还是红葡萄酒？"你会慢慢来，考虑气味和食物的搭配，以及你推荐的葡萄酒的酿制过程。你倾听是为了理解，而不是为了验证你的假设。正如一位佛教大师所说："当你说话时，你只是在重复你已经知道的东西。但如果你倾听，你可能会学到一些新的东西。"

真诚交流信息

与家庭成员之间的信息交流尤其容易被忽略，因为我们认为自己对他们了如指掌。但并非总是如此——事实上，通常都不是这样。我的朋友埃玛告诉我，信息交流极大地改善了她的婚姻。她和她的丈夫一直在争论如何管教他们的孩子。她觉得丈夫太宽容了，而丈夫觉得她太严厉了。

每当埃玛提高嗓门对孩子们说话时，她的丈夫就会感到恐慌，甚至如果她提出要打孩子的屁股，他也会变得狂躁不安。她在一个可以接受打屁股的家庭中长大，虽然她的父母并没有经常这么做，但对于令人担忧的冒犯——比如不尊重——他们觉得这是一种传达信息的恰当方式，她也认同这一点。她和丈夫经常争吵，直到她决定把好奇心的概念应用到下一次关于纪律的谈论中。她不想因为他们对一件事的感觉不一样而争吵，而是想要了解为什么他们的感觉不一样，她的丈夫在成长过程中遵循的是什么价值观，为何让他有如此强烈的反应？她一个问题接一个问题地问他。直到他们讨论了一段时间之后，他才透露自己小时候遭受过体罚。她和她的丈夫在一起10多年了，却从来不知道这些。现在她知道了，一切都变了，他们走得更近了，这为他们最持久的争论提供了新的框架。

我的朋友琼在早上锻炼完身体回到家后生气地给我打电话，她发现水池里满是碗碟，还有一个未清空但很干净的洗碗机，而她的丈夫正在楼上玩电脑。她和丈夫赶着出城，家里只有一个照顾狗的保姆。琼猜想她的丈夫可能是希望她洗碗。琼想，他也在生气，为她去健身而生气。她一边生气地收拾碗碟一边给我打电话。她准备"把她丈夫的头咬下来"。这是一场正在进行的谈判，很有可能会发展得很糟糕。因此，我鼓励琼以她进行职业谈判的方式来考虑这件事。她要做的第一件事就是表现出好奇心。她应该问问她的丈夫——不要以指责的口吻——为什么他没有洗碗。

她应该真诚地希望知道他的思想过程，而不事先做任何判断。

琼接受了我的建议，没有指责丈夫，而是问了他一些非对抗性的问题，并好好听他解释。他一直在做什么？他去过厨房吗？事实证明，他一直在准备他们的一笔住宅贷款，而且情况不是很好。他看到了那些盘子，但他没有想到琼会去洗。相反，他认为可以让保姆去洗碗，因为她的事情很少。从他的角度来看，他们付给保姆的薪水很高，并且基本上也就是让她照顾几天他们的狗。

这里还有一个冲突——琼认为应该在他们走之前把碗碟洗好，而她的丈夫不这样认为。但现在，他们已经确定了各自的诉求，这对夫妇可以把谈话的焦点放在手边的问题上：对一个保姆的合理期望是什么？

同样，詹姆斯和他的妻子在准备买房子，但他们无法就在哪一个地方进行出价达成一致。更重要的是，当他们讨论不同的房子时，他们就会吵架。"我经常旅行，"詹姆斯解释说，"所以房子对我来说不那么重要。我觉得差不多能满足需求就行了。"他的妻子待在家里照顾孩子，一直在寻找最适合他们的房子，比如孩子们可以在哪里玩耍，哪个社区更适合他们，等等。"她总是能找到超出预算的房子，而我则会找到不考虑她需求的房子。我们对彼此的选择都不屑一顾。"当詹姆斯决定把注意力集中在好奇心上时，谈话就进行得更顺畅了。"我们讨论了另一栋房子，我没有拒绝它，而是更加具体地解释了我为什么不喜欢它。然后我妻子说，在所有的因素中，她非常关心的是社区环境，但是她也愿意牺牲一些其他因素。因为我们解释了我们真正的需求，而不是简单地说'我想要这个，她想要那个'，我们愿意妥协。我们理解对方的想法，都想取悦对方，因为我们爱对方。"那天晚上他们准备休息时，詹姆斯的妻子说："这是我们一段时间以来进行的最好的一次谈话。"

在我最后一个（可能也是最喜欢的）关于家庭成员之间如何相互练习开放性思维的故事中，我以前的学生迈克尔陷入了一个非常尴尬的境地。他的妻子想让他和她父亲进行一场复杂的家庭谈判，这场谈判此前已经陷入了僵局。"我是一个上过谈判课程的脊椎按摩师，"迈克尔提醒她，"但我不确定我能提供多少帮助。"不过他同意试一试。

至少可以说，他们的处境确实令人烦恼。这一切都始于迈克尔和他的妻子苏珊想在旧金山买一套房子，迈克尔的岳父杰克同意出一半的钱，条件是房子要放在信托基金里，留给外孙和外孙女。迈克尔和苏珊同意了，在买下房子后，他们聘请了一位专门从事信托业务的律师来起草这份约定文件。杰克要求看一下这份信托文件，他对自己不是唯一的受托人不满意。他怎么能百分之百地相信迈克尔不会带着钱跑掉呢？现在，请记住，在迈克尔还是一个小男孩时，杰克就认识他了。迈克尔和杰克的女儿结婚15年了，他们有3个孩子，并且婚姻很稳定，杰克和迈克尔的私人关系也很牢固。杰克的要求是不合理的，也是侮辱性的。如果迈克尔和苏珊真的离婚了，杰克将要求迈克尔继续支付房贷，但不能住在那里。因为抵押贷款太高了，迈克尔不可能负担得起另一个住处。杰克和苏珊在这个问题上吵得不可开交，因为父亲和女儿的争论毫无进展，所以迈克尔介入了。

"我知道我不能把它当作'这是我岳父给我的礼物'。"他说，也不能把它看作他岳父想伤害他。"我的态度必须是'有人要和我一起买房'。我们怎样才能让这个态度起作用呢？"当迈克尔和杰克终于当着苏珊和迈克尔岳母的面谈起这件事时，杰克以为迈克尔会像苏珊一样情绪激动。迈克尔说："我以为杰克准备说'我爱你像爱亲儿子一样，但这是生意上的事'。"但杰克不需要说这种话，因为迈克尔并不生气。他很冷静，并且专注于探求是什么驱使他的岳父这样做。这个人的诉求是什么？

"杰克想成为一个可怕的人吗？"迈克尔说，"不。他有自己的利益，但没有打算以正确的方式得到它。对这个人来说，美元就是王，金钱就是一切。这和我的家庭很不一样，我的母亲在我结婚那天给了我一张支票，没有提任何要求。她想送我礼物，于是就送了。杰克不一样。所以我必须从这些角度入手：'你为什么想要这样做？你在担心什么呢？你担心我会做什么呢？'"

当被问到这些问题时，杰克回答说："我担心如果你离婚了，房子卖了，你会把这些钱花在自己身上。"

"好吧，"迈克尔说，仍然没有被这句话影响，"这样吧，如果我们因为离婚而卖掉房子，钱仍然归孩子们，你觉得怎么样？"

杰克不得不承认，这在很大程度上打消了他的疑虑。但杰克说他仍然担心迈克尔会跑掉，然后迈克尔指出任何事都是有风险的，他们永远不会达到零风险的地步。"我会偷走这笔钱吗？可能会，但信托基金就会来找我。你不能阻止一个人去谋杀另一个人，你只能跟着他们。"迈克尔帮助他的岳父认识到是他想多了，他们找到了共同点，并最终达成了协议。

一切都解决了，但导致这一切的紧张本来是可以避免的。我们对家人的好奇心没有我们应该有的那么强烈。我们以为我们不仅知道他们在想什么，还知道他们为什么会那样想。苏珊和杰克就是因为这个吵架的。但这种状态使我们无法进入发现事实模式，在这种模式下，我们既可以验证我们的假设，也可以摒弃我们的假设。

多视角观察

Showtime（娱乐时间电视网）有一部叫《婚外情事》的系列剧集，让人难以忘怀，它从多个视角探索了一段婚外情，展示了相同的关系如何因角色不同而被不同地看待。这些人物都没有说谎，但他们都有记忆偏差。他们的经历就是他们的经验。比如，已婚并有四个孩子的诺厄认为年轻的艾利森喜欢调情，是他们私情的主动方。观众也可以看到艾利森的看法截然不同，她认为是诺厄先勾引她的。从观众的角度来看，看到人们在过程中完全"误会"彼此，是多么有趣。电视剧里的道理在谈判中也是一样的。即使你和对方看到的是同一个事实，你们的观点可能也会有很大的不同。几年前，一位参加婚礼的嘉宾发布了一张照片，照片中新娘的母亲穿着一件白色和金色相间的礼服，而其他人则认为这件礼服明显是蓝黑相间的,这引起了全世界的热议。科学家们在造成这种差异的原因上存在分歧,但是显然透视是其中的核心。罗切斯特大学大脑与认知科学副教授杜杰·塔丁指出,我们视网膜上的光感受器存在差异,他告诉《纽约时报》:"这显然与我们感知世界的方式存在个体差异有关。这张特别的图片以一种非凡的方式捕捉到了这些差异。"

电视剧和社交媒体或许有办法创造性地捕捉这些视角的转变,但这并不是什么新鲜事。想想 19 世纪哲学家威廉·詹姆斯的这句话:"当两个人相遇时,实际上有六个人存在。那就是各自眼中的自己,各自在对方眼中的自己和各自真实的自己。"故事情节可以发展到无穷无尽。

那么,想象一下,如果你不坚持裙子是蓝黑相间的,而是能够同时看到它也是白金相间的,你会有多么强大的力量。[12] 你可以在阐述一个观点的同时清楚地看到另一个观点。有这种力量在手,你就进入了另一个谈判者的圈子,在那里,你可以更容易地撮合交易、解决争端,甚至迎来和平。有这种力量在手,你就可以找到新的解决方案,并慷慨地利用它。但这并不容易。

06

第六章

同理心思维

一旦你尽可能地了解了对方的一切，并对他们的观点敞开心扉，你就必须更进一步。你不能只是知悉，然后问他们问题——你必须能够从他们的角度看待问题，并产生共鸣。你必须像一个体验派的演员一样，设身处地为他们着想，这样你不仅能够看到他们从哪里来，而且能尊重他们，即使你并不认同。

纳尔逊·曼德拉也许是现代最具同理心的谈判者。他在监狱里的时候，学习了狱卒使用的南非语，以便更好地理解他们。当他被释放并当选南非总统时，他的前任、南非白人弗雷德里克·威廉·德克勒克担任他的副总统。有一次，当他在电台上被一个愤怒的南非白人斥责时，他说："好吧，埃迪，在我看来你是一个值得尊敬的南非人，我毫不怀疑，如果我们坐下来交换意见，我们会彼此靠近。我们好好谈谈吧，埃迪。"[1] 曼德拉被认为是"同理心巨人"，这对他有效的外交手段至关重要。

对于一个有效的谈判者来说，同理心并不是"有就好"，而是"必须有"。同理心是你理解对方的一种战略性方式，它能让你理解对方，让你顺利进行沟通。此外，如果你不真正了解你的对手来自哪里，你怎么知道如何妥协？你怎么知道在哪里做出对对方来说真正重要的让步？同理心可以缓解冲突——缓解紧张局势，给可能激烈的讨论降温。

著名的人质谈判专家杰克·坎布里亚中尉认为同理心是非常关键的谈判工具。[2] 现在他已从纽约市警察局退休了，他还培训过其他谈判人员，被认为是这个行业的教父。他告诉《华尔街日报》什么样的人适合做人质谈判专家，他认为这些人必须"在生命的某个时刻体验过爱的情感，知道被爱伤害的滋味，知道成功的滋味，或许最重要的是，知道失败的滋味"。劫持人质的人有要求——但这些要求和你的同理心相比并不重要，你要理解他们的情绪状态，并在这个层面上与他们建立联系。他们的要求是他们所想要的事物，而他们的需求是更加感性和更深层次的。美国联邦调查局前首席谈判专家加里·内斯纳表示："我采访过一些事后投降的人，我问他们我说的哪些话让他们改变了主意，他们总是回答：'我不知道你说了什么，但我喜欢你说话的方式。'我们坦率、真诚和关心的语气和举止，是我们所知道的最强大的影响工具。"

内斯纳说，美国联邦调查局在研究如何对谈判对象施加积极的影响时，看了罗伯特·西奥迪尼的相关著作和研究，尤其是他的《影响力》一书，这本书对我来说也是一本影响深远的著作。他们了解到，影响力"就是建立关系，赢得信任，对他们的问题和关注表现出真正的兴趣。我们了解到，谈判代表需要表现得不具威胁性、不带评判色彩"。[3]

当我们寻求同理心时，我们离解决问题就更近了一步……即使只是一点点。奥巴马总统访问中东期间，会见了一群巴勒斯坦青年。据奥巴马的助理本·罗兹说，这些巴勒斯坦人讲述了他们的朋友被监禁、行动自由受到限制的事。其中一名发言者对奥巴马说："总统先生，我们受到的待遇和你们国家的黑人受到的待遇是一样的。在这里，在这个世纪，在贵国政府的资助下，总统先生。"

不久之后，奥巴马在耶路撒冷的一个会议上发表了讲话。尽管他事先准备了发言稿，但他中途停了下来，说："我要脱离讲稿一会儿，在我来这里之前，我见了一群年龄在15~22岁的巴勒斯坦年轻人，并和他们进行了交谈，他们和我的女儿并没有什么不同。他们和你们的儿女也没有什么不同。我真诚地相信，如果有任何以色列的父母和这些孩子坐在一起，他们都会说'我希望这些孩子成功，我希望他们有更好的人生。我希望他们和我的孩子一样有机会'。我相信，如果以色列的父母有机会倾听这些孩子的心声，与他们交谈，他们也会希望这些孩子能得到这些。我相信着。"[4] 尽管奥巴马无法修复以色列和巴勒斯坦之间深深的裂痕，但他可以鼓励人们产生共鸣，就像那位巴勒斯坦的发言者对奥巴马所做的那样。

如何转化同理心

同理心在政治和世界事务中都是无价的，而且在最小的范围内——两个家庭成员之间——同理心也是必不可少的。例如，父母在与孩子发生争执时，可以求助于同理心。我记得我的一个侄子沉迷于游戏。在他的生活中，大多数成年人花了大量精力与他进行斗争，让他停止"浪费"这么多时间，而不是停下来试图去了解他为什么会在游戏上花这么多时间。是什么让他觉得游戏如此刺激且有吸引力？他生活中的成年人，包括我，应该设身处地为他着想，试着去理解为什么他觉得这值得他花这么多时间和精力。我们可能已经知道他喜欢游戏是因为他可以和最好的朋友一起玩，这是他最看重的和朋友之间的联系。或者我们可能已经知道，这是他觉得自己擅长和能够掌握的东西，从而给他一种成就感。事实上，我不知道我们是否真正理解过他的动机，我们花了太多时间为他操心，以至于每次提起这件事时，我们都显得是在毫无理由地保护或批判他。

这种矛盾并不是我们家独有的。家长担心他们的孩子，并且常常觉得自己知道得更多，那么为什么不尝试停止这样做呢？这种方法很少奏效，因为它没有真正的同理心，阻止了我们从孩子的角度来理解他们的决定或行为。没有同理心，你就会显得很武断、很苛刻、很不公正，并且产生了沟通障碍，加深了误解。

许多父母都曾与脾气乖戾的孩子发生冲突，不管孩子是出于什么原因，总是要求得到什么。父母在拒绝孩子之前，最好停下来想想他们的孩子到底怎么了。孩子在那天过得怎么样？有什么样的感受？问题到底是出在孩子的要求上，还是别的地方？

顺便说一下，这种策略不仅适用于父母，我发现对于儿女，它也非常有用。在第二章中，我写了我和父母的关系，重点是我花了很长时间才把他们对我的期望和我真正想要的分开。（我想，我并不是第一个经历这种变化的移民子女。）我很生他们的气，尤其是对我的父亲，因为他坚持让我学医，却看不到我对当医生没有兴趣。多年来，我一直无法理解他的想法。但我最终以一种真诚的、饱含同理心的方式理解了他，不是因为他明确地告诉我，而是因为我努力设身处地从他的立场看问题。当我们离开伊朗的时候，我们离开了熟悉的一切，以及所有定义我们的东西。我的父亲一直过着稳定的、脚踏实地的生活——当我们搬家到美国时，他失去了这种稳定的生活。他曾经是一名工程师，在制糖厂管理着数千名员工，现在他经营着一家小型便利店。

当人们从其他国家来到美国时，他们的脑子里有无数个关于美国是什么样子的想法。我只提几个，美国人有不同的养育孩子的方式，有令人难以置信的选择自由，还有一句口号："活出你梦想中的自己！做你想做的一切！"毫无疑问，对于像我父亲这样的人来说，这很令人困惑，而且很可怕，但他觉得他必须保持一种平衡感。但怎样才能做到呢？他怎样才能确保自己押注了全部心血的这个人（我！）能成功呢？在语言、文化和社会价值等诸多未知因素存在的情况下，他怎么能确保我走在正确的道路上呢？他觉得为了保护我，他能做的就是为我的人生写好剧本，然后让我照做。

我父亲强迫我走上他认为一定会成功的职业道路的方式，就是他表达对我的爱的方式。每个人爱别人的方式不一样，接受爱的方式也不一样。我想从父亲那里得到一种不同的爱——一种更有触觉的、无条件的、不带偏见的爱。虽然我没有以那种方式得到它，但并不意味着它不存在。我不同意父亲表达爱的方式，但努力以他的方式看待这个世界对我能否原谅他至关重要。

我的学生多姆告诉我，在我们讨论了同理心在谈判中的重要性后，有一天晚上他得到了一个尝试这种方法的机会。这场谈判发生在他和他的妻子之间。多姆的一群朋友要聚会，多姆也想去。但前两个晚上他都因工作外出了，他的妻子则被留在家里一个人照顾孩子。他们关于多姆如何度过晚上的讨论进行得并不顺利。他反复说他真的想去参加聚会，但他的妻子一直不同意。

然后，他退了一步，试图从妻子的角度考虑问题。他的妻子一个人带孩子很疲惫，在这一点上他非常尊重妻子。她也需要丈夫的一点爱和关心。多姆有三家公司，并且一直在工作，这显然让妻子有时感到自己被忽视了。多姆明白，只要他能填满妻子的"情感账户"，无论他问什么，无论是当天晚上还是下周，他的妻子都会有更好的回应。这就是他决定要做的事情。

"你说得对，"他说，"今晚我们就待在一起吧。你想做什么？想看电影吗？"他告诉她他有多爱她、多感激她，和她在一起真的很美好。重要的是，所有这些都是他的真实心声！他一直都能感觉到这些声音，他只是敏感地意识到她需要听到这些声音。他知道，一旦妻子的"情感账户"满了，她就可能会改变主意，建议他和朋友们出去玩，但他也知道这可能不会发生，如果是那样，他也会很高兴地待在家里。

过了一会儿，多姆的妻子对他说："你知道吗？我觉得你还是应该和你的朋友一起出去。"

多姆对同理心的有效性感到非常兴奋，所以他在下一次工作谈判中使用了它。他有一家汽车修理厂，他的大部分工作是与保险理赔员协商估价。保险理赔员的目的就是不给多姆这样的公司让路。换句话说，如果有什么地方是同理心不会起作用的，那就是这里。

多姆经常和一个理赔员发生冲突。当理赔员走进多姆的店铺时，他皱着眉头，充满敌意。"好吧，"多姆想，"又来了。"多姆用胳膊搂住他说："听着，伙计。我不想再这样下去了。我们都是为了客户的利益。我们应该能够更好地合作。"

理赔员摇了摇头说："不，这与你无关，只是我今天过得很糟糕。"

"为什么？"多姆问，"怎么了？"

理赔员拿出他儿子的照片并解释说，他的儿子刚刚经历了一场可怕的事故。

"那你还在这里干什么？"多姆说，"快回家去陪陪你的家人，我们明天再谈，别担心。"

第二天，理赔员来了，他说："非常感谢您昨天为我做的一切。"

"我也有个儿子，"多姆说，"如果是我，我也会这么做的。"

接下来的几个小时，两人一起审阅了评估结果，在同理心的帮助下，他们达成了一致，双方都感到很满意。

我的学生约翰也经历了一件与多姆相似的事情。他在沃顿商学院上我的课时，刚刚离开军队。尽管军队给他的谈判风格带去了明确的道德规范，但他并没有过多考虑同理心在谈判中的作用。他开始把一些我们在课堂上讨论的内容应用到在家中和妻子的讨论上，毕业时他的妻子告诉我，这门课对他们的婚姻起到了非常大的巩固作用。正如约翰解释的那样，他们在对话中更多地关注"理解原因"。"即使我们最终还是持截然相反的观点，"他说，"我们也会说，至少我理解你是如何得出你的理由的，尽管我不同意你的观点。这为我们的婚姻开启了另一个层面的交流。"

他把这些技能运用到他所在的一家私营企业的工作中，他在那家公司专门处理不良债务。"如果我们是某个商业贷款的贷款人，而业务恶化了，我们知道我们可以寻求什么样的抵押品。"在他早期的思维模式下，他更有可能专注于定量数据，而不太考虑数据背后的人。他见过在这个领域工作了很长时间，所以已经厌倦了的同事经常使用这种思维模式。"采取这种方式很容易，'嘿，付钱给我，否则我就把这个拿走'。"但他说，运用同理心虽然更困难，但会带来更好的结果。"实际上，你开始审视企业背后的人和他的家庭，这些人只是想谋生的企业主，后来企业情况恶化，他们便无力偿还债务。"当你表现出同理心时，你就和他们站在一起了，就能发现影响他们偿还贷款的能力的各种变数，比如健康危机。"我们会在事后发现，有人生病了，于是生意就垮了。你无法从财务报表和数百页文件中发现这一点。当你能够理解他们为什么会出现这种情况，以及他们是如何出现这种情况的时候，这通常会带来更好的结果，因为你已经与他们站在了一起。并不是一定要有人是对的。"

同理心 ≠ 内耗

许多人认为，在谈判中，拥有太强的同理心是一种弱点，而不是一种优势。他们认为，你必须没有情感才能有效率；否则你就容易让步太多。我的学生经常为他们的同理心道歉，认为这妨碍了有效的谈判。这就大错特错了。事实上，富有同理心的人是最好的谈判者。富有同理心的人能设身处地为对方着想，并评估自己可能想要的东西。富有同理心的人是最终的信息收集者。

只有当有同理心的谈判者深深体会他人的感受，以至于把这些挑战当作自己的挑战时，才会遇到问题。正如多姆所说："尽你所能与他人合作是同理心。而一味让步是愚蠢。"我不会说这是愚蠢的，但当我们无法将自己的情感分离开来时，我们确实会陷入麻烦。这就是埃米莉，一个在第二章中买二手车的取悦者，当她想"哦，这个可怜的汽车推销员和他的女朋友约会要迟到了，我不能让这种事发生"时，她就陷入了困扰。这些有同理心的人无法划清界限，他们的决策会因此受到影响，对自己不利。与这种倾向深深交织在一起的是，他们没有把同理心转向自己。

这些谈判者只关注别人的需求和愿望，错误地认为他们不能同时关注自己的需求和愿望，认为这两者是相互排斥的。他们不明白的是，如果不照顾好自己，他们就不能积极地发挥作用。

这是我在医疗咨询工作中经历的惨痛教训。当我们不得不裁员时，情况变得非常糟糕。我理解并同情他们的失望，因为担心他们，很多晚上我都睡不着觉。虽然我坚信这种同理心对于我试图建立的合作文化是至关重要的，但我做得太过了。我把解决这个问题当作自己的责任，推迟裁员，给我们已经减少的预算增加了不必要的压力。我承受了他们的压力，并把它内化了。

许多领导者发现他们和我走过相同的路，都在为同样的问题而苦苦挣扎："我该如何关心我的员工，又不会太过分以至于影响企业经营？"我的学生绍迪亚就是这样一个领导者。她创办了一家清洁服务公司，她的大多数员工都来自与她母亲和祖母相同的人口群体：单身母亲、移民、没有接受过正式教育的人、经济弱势群体。绍迪亚对这些员工有很强的责任感。她还记得第一次发工资时，她的一名员工直接跑到西联汇款公司给她在哥伦比亚的母亲汇款，这样她的母亲就能支付手术费用了。绍迪亚商业成功的好处和后果感觉非常个人化，因为它确实如此。

当绍迪亚意识到她有一名表现非常不好的员工时，她陷入了困境，内心进行了一场艰难的谈判。解雇这名员工确实会产生一些后果。这名员工无疑不会安静地离开——这会引发冲突。这名员工有家庭。那时正好是放假期间，绍迪亚可以追踪这一举动的连锁反应。简而言之，无论她做什么，人家都会生气。绍迪亚必须让自己能够看到所有的涟漪，直到它们自然结束，同时还能解雇那名员工。她必须这么做，因为如果不这样，就会产生一定的经济后果。她必须这么做，因为其他员工都依靠着绍迪亚掌舵。她必须这么做，因为尽管她很想照顾每个人，但有时作为老板，她做不到。

"在内心（与我自己）谈判是最难的。"绍迪亚说。她必须让自己有同理心，但又不被它束缚。她知道自己可以做到，因为她不久前就因为保姆的问题进行过类似的内心斗争。

"我知道我的第一个错误是什么，"她说，"我能看到一系列连锁反应。我知道我的孩子很喜欢她，我也知道会有一段过渡期需要我待在家里。我是在讨论后果，而不是我需要采取的行动。我的另一半会说：'你必须这样想：和一个能更高效地完成这项工作的新人在一起会有多好？'有那么多好处，你都不用担心会有什么弊端。"

正如预期的那样，让谁走都会很不舒服，但绍迪亚知道这是正确的决定。"我必须不断地提醒自己，在我13年的从商经历中，我从未后悔解雇哪个人。然而，我常常会后悔没有早点解雇某个人。"

NFL前安全卫、明星球员约翰·林奇在一个与众不同的领域工作，但和绍迪亚一样，他每天的工作都会用到同理心。他知道作为一名年轻球员担心如何证明自己的能力是什么感觉。他也知道，作为一名老将到了退役的时候是什么感觉。他现在是旧金山49人队的总经理，是坐在桌子另一边的管理者。他说，自己每天都要快速做出几十个决定,这些决定将影响人们的生计和家庭。作为一个天生具有同理心的人,他不得不努力利用这一特性来为组织服务。

"几周之前,"约翰告诉我,"我和那些被选中的球员聊过,我意识到了这对他们追逐梦想的影响。我想,我也曾经处于那个位置,在我的职业生涯早期,我就被选中了,但是,天哪,你真的相信你能做到吗?我能理解这种感受。"当他不得不对某个人做出艰难的决定时——这是他必须经常做的——他会用同理心来告诉自己该怎么做。他和主教练凯尔·沙纳汉试着亲自去见每一个被解雇的球员。"这源于我自己的经历,我知道我欣赏什么,有人看着你的眼睛。我认为告诉人们真相也很重要,说:'嘿,这就是为什么我们要裁掉你。'特别是,如果他们问:'为什么是我而不是别人?'我会说:'好吧,我不想谈论别人,但对你来说,我们确实是这么想的。'"同样的方式也适用于当运动员问(他们有时会这么问)是否他们是时候离开了。"我愿意说:'嘿,我不是什么都知道,但是,我想可能是时候了。'因为我想这是我在那些情况下想听到的,而且我想曾经的经历能帮助我更好地应对这样的情况。"

现在约翰也参与到了前台谈判中,他也会在这些方面运用自己作为球员的经验。他理解球员的能力使他能够更好地了解他们的兴趣、困境、恐惧的东西以及作为一个整体的决策。在与代理商谈判时,这给了他很大的优势。约翰了解他们的客户,能够更好地预测他们的需求和想法。他还可以更有效地从组织的角度为球员们构建框架，以便他们理解行业的动态。从这个意义上说，他的同理心可以让他更有说服力。

实现长期合作

2015年有几周，世界各国政要在瑞士举行会议，以解决围绕伊朗核问题长达10年的僵局。在这场僵局中，各国政府最终同意解除对伊制裁，以换取伊朗对其核计划做出让步。许多美国人批评该协议，认为美国不够强硬，即他们没有从该协议中得到足够的好处。几年后，伊朗外交部长穆罕默德·贾瓦德·扎里夫指出，没有人对这项协议感到完全满意——因此他们知道这是一项好的协议。"我从来不相信零和博弈，"扎里夫告诉CNN（美国有线电视新闻网）的法里德·扎卡里亚，"我们达成了一项没人喜欢的协议。这很好。没有哪个好的交易是完美的交易，因为你不可能让所有人都满意。你需要一个不完美的协议，这样双方才能达成共识……我们不可能得到所有我们想要的东西。美国不可能在交易中得到所有想要的东西。"

根据BBC（英国广播公司）的一部纪录片，谈判的环境更像是一个宿舍，而不是峰会，每个人都住在同一家酒店，不分昼夜地赶在不断变化的最后期限前完成工作。美国首席谈判代表温迪·舍曼谈到他们如何偶尔与伊朗人共进晚餐，以及建立这种关系有多么重要。她还谈到自己和伊朗首席谈判代表在谈判过程中都当上了爷爷奶奶，并给对方看了自己孙辈的视频。他们对彼此来说都是普通人，但这并不意味着他们不强硬。她说："他对他的国家利益负责，我也要对我的国家利益负责。"

利用同理心的力量通常意味着把事情都摆在桌面上，因为你在尽己所能地去理解对方在想什么，你知道他们能给什么、不能给什么。你做出了让步，但这并不意味着退后，而是为了解决问题：为了得到对你来说更重要的东西，而放弃那些对你来说不那么重要的东西。要想很好地做出让步，你需要了解自己的诉求，同时也要真正了解对方的诉求。这样你才能知道什么样的让步是有意义的。

把事情都摆在桌面上的做法也被称为双赢谈判，但我一直很警惕这个说法，因为它可能具有误导性：双赢意味着每个人都能按自己的方式行事，但事实并非如此。相反，双赢意味着双方在谈判结束后都感觉比开始谈判前更好。这可能并不意味着他们都得到了自己想要的一切，但他们现在更有可能满足自己最重要的利益，同时承认一些不那么相关的事情。

此外，他们认为双方的谈判已经进行得很好了。双方都达到了预期，这样双方都不会觉得自己是输家。请注意"觉得"这个词，双赢谈判在很大程度上依赖于情商，因为你必须意识到你的对手如何解读和应对谈判中的各种曲折与转折，以及你的对手如何解读一个看似"简单"的谈判。当一组研究人员研究人们对开价的反应时，他们发现，当那些开价立即被接受时，提出开价的一方会对这笔交易感到不太满意。[5] 他们还能做得更好吗？他们要求的开价还不够吗？

几年前，体育经纪人鲍勃·伍尔夫告诉《公司》杂志，他经常直接出价。"这有可能会把价格推得过高，引发对方强烈的抵触情绪，这额外的 10% 的价格实在是不值得。如果有人觉得你妨碍了他们，他们就会拿你的生意出气，或者——如果你是雇员——拿你出气。对我来说，他们会拿我的委托人出气，让他痛苦，与他对骂。显然，谈判不仅仅是为了钱。"[6] 换句话说，如果没有同理心，你就不可能获得一场满意的谈判，因为那样你怎么能知道对方真的觉得他们也赢了呢？

埃米·沃洛申是纽约最大的印花工作室 Printfresh 和"沃洛申服装系列"的联合创始人，她在时尚和服装设计界是一颗冉冉升起的新星。在发展事业的过程中，她意识到"最好的情况是每个人都高高兴兴地离开"。当谈起薪水的时候，她说："我不能只是给（应聘者）发一封电子邮件，更多地了解他们来自哪里会让事情变得容易很多。也许我们提供的薪水有上限，但是也许 5 万美元与 4.9 万美元相比就是个大数目。"她说，他们将成为她团队的一员，她希望他们离开时能感到自己的需求得到了满足，觉得自己受到了尊重。同样，埃米也注意到，当他们收到供应商的投标时，男性拥有的公司往往比女性拥有的公司给自己的定价更高。因此，如果他们从一家女性拥有的公司得到了一个合理的报价，而埃米的丈夫和联合创始人却说"再谈谈"，埃米就会表示不同意。"他的自然倾向是要一个更好的价格，而我更倾向于说这是一个合理的价格。"她知道，从她的能力和他们的观点来看，女性提供了她们力所能及的工作，而不被压榨。她不想让他们觉得工资太低，因为那样就没有人赢了。

如果你从谈判中得到了大部分的钱，但你的对手却愤愤不平、感到被欺骗或痛苦地离开，那你就没有取得真正的成功。你们未来的工作关系如何？你的声誉如何？这都是有实际代价的，即使你在谈判中表现得非常出色，你也应该让你的合作者觉得她也一样。

出于同理心而做出的让步，不仅有利于长期性，而且可以产生立竿见影的效果。希腊雅典的哈拉兰博斯·弗拉霍齐科斯教授认为，同理心的运用挽救了他的企业。正如他在为《哈佛商业评论》撰写的一篇文章中所说的，他的公司经营电器设备转售业务，从一家印度公司得到了设备的报价。然后，他们根据客户的报价，以一个不错的价格将设备提供给客户。问题是，这家印度公司随后说他们不能兑现报价——事实上，实际成本要高出40%。弗拉霍齐科斯的公司处境很糟糕。一方面，以这个新价格从印度公司购买设备对他们来说是一个巨大的损失；另一方面，告诉他们的客户"对不起，实际价格比我们最初告诉你的要多很多"会破坏他们的信誉。

该如何做出选择呢？显然，其中一个选择是冲这家印度公司发火，这也确实发生了（但却一无所获）。另一个选择是诉讼，但国际诉讼是很不可取的。弗拉霍齐科斯选择了一种包含理解和同理心的方式，他相信这将帮助他们找到一个大家都能接受的解决方案。他亲自乘坐飞机去了那家印度公司，使用了我在上一章提到的所有坦诚的方法。他问那家印度公司的人为什么要更改报价，当他们告诉他这是他们的会计部门在材料成本上犯下的一个错误时，他意识到他们真的没有任何让步的余地。他还意识到，这家印度公司并没有意识到这一错误的报价对弗拉霍齐科斯的公司意味着多大的损失。他们一起讨论了所有的后果，以及他们能以某种方式达成交易的可能性。这家印度公司不仅能够留在希腊市场——如果整个交易失败，这种情况肯定不会发生——而且这是一个向其他欧洲国家市场扩张的机会。他们可以用不同的眼光看待这笔交易，不把它看作一次性交易，而把它看作一项投资。最终，他们达成了一项协议，弗拉霍齐科斯的公司将支付比报价高出10%的价格，从而实现收支平衡。弗拉霍齐科斯说："我们成功的主要原因是，我们真的试着设身处地为他们着想，意识到他们将遭受巨大的经济损失。我们主张把价格降回原来的水平，不是基于我们的利益，而是基于对他们面临的风险和机会的客观分析。"换句话说，弗拉霍齐科斯是基于这家印度公司的利益来进行谈判的。"此外，"他写道，"按照新的价格，我们实际上没有任何利润，这一事实也为这家印度公司挽回了颜面，因为这进一步表明，我们双方都做出了牺牲。"[7]

无论是对人质谈判专家还是对像奥巴马总统这样的政治家来说，同理心作为谈判者的工具实在是太宝贵了，我不能让它再"顶着坏名声"了。我希望再也不会有学生对我说："教授，我不适合谈判，因为我太善解人意了。"不，只要你也把同理心放在自己身上，并找到自己的利益所在，你就应该尽你所能地拥有这种同理心。更重要的是，用好它。

第六章 同理心思维 149

第七章

在场思维

我刚开始教书的时候,并没有过多地考虑如何让别人明白我的观点,因为我的脑子里全是我想说的内容。我也有很多不愿意偏离的课程计划。现在我已经教了 15 年的书,我放弃了所有我为自己设定的严格规则,而更喜欢和学生在一起,由此揭示的东西让我大为震惊。我关注学生的一言一行。在一个 36 人或 48 人的班级里,我会注意到那些经常乐呵呵的学生突然不笑了,我会注意到学生在频繁地看手机(他们本不该这么做的——这点我稍后再谈),我会注意到学生是否感到不舒服或焦虑。我发现我现在能够在任何特定的时刻难以置信地融入当下,充满好奇心、全神贯注地关注我的学生。当我走进一间教室,我能立刻感受到教室里的气氛和能量。我能感受到我的学生在精神上和情感上的状态。在接下来的 3 个小时中,我就在那里,在我的学生面前,很少考虑教室之外的任何事情,不管我在走进教室之前带着什么东西,我都会放在门口。我一次又一次被告知,这种在场感——有的人会说这种强烈的关注——让我的课程有了影响力。

我不是一个冥想专家或者瑜伽修行者（没有双关的含义），我更喜欢动感单车课程或者在繁忙的机场里奔跑，而不是坐在瑜伽垫上。但我坚信，培养在场感是我们能从日常经历中找到满足感、改善人际关系、在谈判中取得成功的最佳方法之一。没有在场感，你就无法敞开心扉或移情，因为这三者是如此紧密地交织在一起。当我们分心时，我们无法注意到别人的情绪、反应和我们周遭的环境。当我们分心时，我们得到的信息不是全面的，而是经过了一个过滤器后留下的。这在谈判中是有害的，因为谈判依赖于注意一切的艺术。

如果没有在场感，你就无法发挥自己的情绪智力，或者是我们通常所说的情商，也就无法真正了解对方的心理状态。情绪智力在谈判中是一种超能力，而分心就像氪星石[*]。有时候，一个人告诉你的最重要的信息就是他们根本没说出来的东西。一个微笑、一次皱眉，在座位上不舒服地扭动，在拒绝的时候点头——你必须全身心地投入当下，捕捉这些作为全局的一部分的微妙线索。

如果没有在场感，你就无法意识到自己何时变得紧张、焦虑或愤怒。如果没有在场感，你就不知道什么时候该休息一下，从而让你紧张的神经平静下来，这样你就不会说一些让你后悔的话，或者可能会搞砸交易。如果没有在场感，你可能就意识不到

---

[*] 在关于超人的影视作品中，氪星石可以使超人丧失超能力。——译者注

你的身体会自发地带入谈判的信号——你紧张地敲着笔，声音变得尖细，脸涨得通红。

美国谈判代表温迪·舍曼代表美国进行了最高级别的谈判。她说，她把伊朗外交部长扎里夫的一切表现都看在眼里。[1] "随着时间的推移，我学会了分辨扎里夫的那些戏剧性转变，知道哪些是为了效果，哪些意味着他真的很失望。"她在自己的书中描述这段经历时写道："以此来决定我是应该用和解的语气称呼他为'贾瓦德'，还是称他为部长，让他知道我生气了，不买他的账。"

注意那个眼神、那个微笑、那个令人不舒服的动作是非常有价值的。正如谈判专家马克斯·巴泽曼说："摆在你面前的很少是全部的内容。"因此，你必须学会真正去观察。我的学生在分心的时候会丢失信息，所以他们无法对谈判施加影响力。但是，集中注意力需要集中精力和毅力。大多数人的注意力持续时间大约为 8 秒，这说明我们比金鱼更容易分心。[2] 我们总是不相信专注于当下其实是一件难事。

在这个超级互联的世界里，多任务处理实际上已经成了一种事实上的存在方式，这使专注于当下变得越来越难。当我们一边吃饭一边发短信，或者在任何情况下同时做两件事时，我们不会与对方建立有意义的联系。我们错过了来自朋友和爱人的暗示，而这些暗示可能会告诉我们更多他们的精神状态。

与许多其他公司一样，玛丽·埃伦·斯莱特的营销公司的大部分业务都是通过电子邮件进行的。她说："我做的很多事情都是通过电话和电子邮件了解对方的意图。只要我有机会当面见到某人,尤其是风险越大的项目,我就会去。我试图获取尽可能多的信息,我不会看手机,也不会做其他事情。我需要让自己全身心投入……因为(我的客户做出的)大多数决定,即使是大公司,最终也是个人决定,我需要尽可能地了解他们的情绪状态。"

在课堂上教授这些内容让我的在场感更强了,我每天都在努力践行它。当我教书的时候,我试图向我的学生传达这样一个信息:没有什么地方比我此刻所处的位置更重要,没有什么对话比我正在进行的更重要。我注意到这样做的结果是,我能更好地了解学生的现状,对他们做出回应,并以一种我知道他们会接收到的方式传达信息。我相信这种投入的程度最终意味着尊重,并让我得到同样的回报。

我还特意在往返教室的路上练习保持在场感。我经常乘坐优步和出租车,我设定的一个目标就是把手机放在包里,在路途中保持身心都在场。坦白地说,这个目标的开始其实是因为我想提高优步司机对我的评价,我了解到他们讨厌乘客把所有时间都花在打电话或看手机上。我知道,我好胜的一面经常会抬头。一开始这只是一个游戏,后来渐渐变成了一个自我突破。我发现我喜欢在路上的时光。我会和司机聊聊他们来自哪里,他们的生活是怎样的。我会望向窗外,经常会注意到我以前从未注意过的建筑物。有一次我问司机我家附近的一栋建筑是不是新的,结果它早已存在,只是我之前没注意到它。我已经开始要求司机走一条风景优美的路线去火车站,这样在匆忙出门和匆忙穿过火车站之间,仅仅是盯着窗外看,我就有时间去体验、去经历。如果在这段时间里有人试图联系我，我不会接电话，或者我会告诉他们我不方便接电话，因为我要赶火车。这半真半假，我确实正在去联合车站的路上。但事实是，我珍惜这段沉浸在当下的时间。

在飞机上我也会采取类似的做法。我会看着窗外的日出或日落，而不是立即打开电脑或拿出书来看。我需要经常坐飞机这件事情已经从一个烦恼变成了一个礼物。当我在飞机上望向窗外的时候，我怀着一颗感激之心，我从中找到了平静。坐在我周围的人一定会以为这是我第一次坐飞机，因为我被外面的风景深深吸引了。他们不知道的是，我是三家航空公司和美国铁路公司的精英客户。我之所以为风景着迷，是因为我学会了在疯狂忙碌的生活中培养在场感和对安静时刻的感激。

有一次，在忙乱的一周后，我登上了去普罗维登斯市授课的飞机。当飞机舱门关闭时，我镇定下来，深呼一口气，几乎马上就意识到那天我其实不用去普罗维登斯市上课。如果我没有停下来喘口气，而是立刻开始发邮件，我可能根本不会意识到自己的错误，也可能会一路直接到授课地点。

这本来是充满挫折和自责的一天，但实际上却是美好的一天。我把它归结为一个教训——非常昂贵，但仍然是一个教训——我需要远离"仓鼠滚轮"，放慢速度。时间是给自己的一份礼物，生气和沮丧是没有用的。我没有和这个错误纠缠，而是平静地和普罗维登斯市登机口的工作人员谈了谈，他们毫不犹豫地马上把我送上了下一班飞机，还给我升了舱。我甚至没有尝试访问航班的无线网络服务。相反，我把往返于普罗维登斯市的时间花在阅读我从来没有机会读的杂志上，制订我的一周计划，喝饮料，享受几个小时的重置。那天的天气很好，我就这样看着窗外度过了美好的一段时光。

在这一章中，我将讲述为什么投入当下很难，但它又如此重要。是的，科技是一个巨大的干扰，我将深入讨论这个问题，但智能手机并不是我们面临的唯一困难。事实上，如果不考虑你接下来要说什么，或者没有任何目的，倾听——我的意思是真正地倾听——是非常困难的，然而真正的在场需要这种用心倾听。不仅要注意你的口头语言在传达什么，还要注意你的肢体语言在传达什么，你的面部表情在传达什么，这也很难做到。它们往往并不同步。最后，我将介绍在谈判中如何计划和管理你的情绪，无论是在与家人的激烈讨论中，还是为了一笔让你夜不能寐的交易。

摆脱手机的"绑架"

当奥巴马夫妇在白宫举办他们的最后一次聚会时，我很幸运地收到了邀请，并带着我的侄子一起前去。当我们到达安检口时，我侄子得知我们在进入前必须把手机留在外面，可以这么说，他开始心烦意乱。"这可真是糟糕透了，"他说，"没人会相信我来过这里。"作为一个现实主义者，我告诉他这真的无能为力。因此我们就站在白宫外面拍了张照片，把手机留在外面再进去。

这是一个星光灿烂的夜晚。晚会由亚瑟小子（Usher）、The Roots 乐队、De La Soul 乐队、吉尔·斯科特等人的表演拉开序幕。晚宴后的派对给人的感觉也是不落俗套，像戴维·查普尔、布莱德利·库珀这样的人在同龄人中舒适地闲逛着，不用担心手机响或者狗仔队偷拍。尽管我的侄子一开始异常害羞，但当我把他介绍给戴维·查普尔后，他们找到了机会分享彼此对金州勇士队的钦佩之情。我敢肯定我会因此获得年度"最佳姑妈奖"。强烈的背景音乐、丰盛的食物和饮料，我们都很享受这一人生中最精彩的时刻。我们直到半夜两点才离开。在回家的路上，我的侄子说："我很高兴我用不了手机。这是我一生中最美好的夜晚之一，我真的非常享受。"

　　我们太沉迷于 Instagram（照片墙），因而远离了真实的当下。我们以为自己正在经历它，但实际上我们是站在别处，通过一个过滤器看着它。我的侄子因为没有带手机，看了表演，听了音乐，并真正地体验了这一生只有一次的机会。长期以来，他第一次感受到了完全活在当下的感觉。虽然我也是一个狂热的社交媒体用户，但我更喜欢事后回顾。我会拍几张照片来捕捉精彩的瞬间，事后有时间再重新体验这段记忆时，我会把它们上传到照片墙或脸书上。这是在回忆的道路上漫步，而不是剥夺那一刻记忆带给自己的快乐。

　　我的课堂是无技术区，不能使用笔记本电脑，不能使用手机，不能使用平板电脑，甚至不能使用智能手表。我把我的课堂看作一个实验室，在这里我们可以模仿在课堂之外进行的任何谈判行为。因此，我想让我的学生沉浸于当下。如果你的手机在视线范围内，在口袋里振动，或者你沉浸在录入对方所说的话的过程中，你可能会错过很多专注于此给你提供的线索。研究也支持我的观点，2017年的一项研究表明，仅仅是手机的存在就会分散注意力，即使你并不注意它，或者是让它处于飞行模式，甚至是关机。[3]因为我们现在太依赖手机了，就好像手机在呼唤我们："把我拿起来呀！就看我一眼吧！"你可能在用耳朵听对方说的话，但你并没有真正听进去。或者你在听，但你不能一边看着手机一边获得有价值的信息。更糟糕的是，这可能会向对方暗示你并不在乎他们在说什么。

我的一些学生反驳我说，在高盛的"10 000家小企业项目"中，那些人已经习惯24小时手机不离身了。因为他们一边上课，一边做生意，所以他们一直在一心多用——他们觉得自己必须这么做。有些学生会在他们认为我没注意的时候偷偷摸摸地查看手机。但在某种程度上，因为我已经把自己和所有的电子设备完全分开了，我能注意到眼前的一切，所以他们总是会被抓包。不管我说过多少次，学生很少会不拿起手机或者总是忘记把手机收起来。有时候我觉得这是我的课堂上最难教的一点！

当我提出要求时，其他学生点头并说他们明白了。他们听说过很多关于正念的知识，甚至也读过一些文章和相关研究。但他们和其他人一样，注意力都是时刻连着手机的。2018年的一项针对2 000名美国人的研究表明，他们在度假期间平均每12分钟查看一次手机。[4]感受阳光，听海浪声，呼吸微风，然后查看电子邮件。这个场景肯定是有问题的，我们都知道。不过，我的学生愿意试着放下手机，因为从理智上讲，他们认同这一点，但直到他们切身体会到在场感给自己带来了多大的改变，才完全相信这一点。

"我非常依赖手机。"我的学生詹姆斯说。对他来说，遵守不使用手机的约定是一个挑战。他觉得他需要一直和自己的办公室保持联系。"联系的人太多了，这让我感到焦虑，它分去了我与他人联系中一半的注意力。"他有两个孩子，一个3岁，一个6岁。他说，带孩子们去公园的时候，"他们在操场上玩，我就看手机和发邮件。我可能会持续盯着手机一两个小时，这真是一种瘾"。当他在课堂上被禁止使用手机时，他感受到了很大的不同，他与谈话对象之间的互动程度也有了很大的变化。与此同时，与他人保持那种程度的接触相当累人，这让他意识到自己的注意力持续时间已经减少了。他说："我已经习惯了一边打电话，一边做别的事情了。"他甚至都不看书了。

詹姆斯并不是特例。玛丽安娜·沃尔夫是一位研究阅读和大脑的科学家，她先是在《普鲁斯特与乌贼》一书中记录了自己的研究发现，后来将其写入《升维阅读》一书中。在后面这本书中，她写道："也许你已经发现，随着人们越来越多地在电子设备上阅读，注意力的变化越来越明显。你可能很想让自己沉浸在心爱的那本书中，却突然感到若有所失，心中莫名惆怅。你如同被截肢的人有了幻肢感。你依然是一位读者，但面对屏幕和电子设备时，再也不能在书中纵情驰骋想象力，再也找不到当初全身心投入阅读的感受了。"[5]

我发现周日我得花一整天的时间读报纸。以前可不是这样的——我过去常常在几个小时内就能一页一页地读完周日版的《纽约时报》。这样剩下的时间就足够我看足球赛了。现在，我发现我的注意力无法像过去那样持续两个小时了——我的心思跳来跳去——在周日晚上的比赛中，我还在看报纸的部分内容。这可不太好，但我很庆幸至少我意识到了这一点。

在谈判过程中，注意力缺失的影响是巨大的。在一些常见的交流中，我甚至不能把它附加到特定的课程或练习中，在我和我的学生复盘一些谈判过程的时候，很明显，在一些既有的案例中，我们遗漏了一些关键信息。例如，有一个著名的谈判练习，是围绕一个橘子展开的。这个练习有不同的版本——在罗杰·费希尔的经典著作《谈判力》中，有两个小孩都想要水果盘中的最后一个橘子，而在其他改编的版本中是，有两家公司都想要一种稀有的橘子来开发救生产品。但是一方只需要果皮（在两个孩子的版本中，是用于烘焙），而另一方只需要果肉。如果你读案例时太快，可能就会错过这个关键信息。

我对犯错的学生说："你们为什么不直接要果皮？你们也不需要其他部分啊。"他们争辩道："我需要全部，不仅仅是果皮。"

"14年过去了，"我开玩笑地说，反复提醒他们这种练习我看过多少次了，"我想我是知道的。"

"不，"他们十分肯定地说，"我的表格上可没这么写。"有时候，直到我在他们的纸上用笔圈出来，他们才知道自己错过了什么。

从那以后，我说的任何关于专注于当下的事情都会被认真对待。渐渐地，经过一次又一次谈判，他们意识到了分心对他们的影响有多大，分心可能是常态，而专注则是例外。

谈判是关于关系和联系的。如果你认为这很重要，但同时你却在玩手机，或者心思在别处，那么你就是在否定这种联系。在第六章，我写了同理心对谈判的重要性。但研究表明，科学技术实际上可能会降低同理心。雪莉·特克尔是麻省理工学院的心理学教授，著有《重拾交谈》一书。她说，我们通过交谈和面对面的互动来建立亲密关系与同理心。但当我们面对屏幕时，我们就失去了这些，而这些都是有意义的。如果我们停止学习解读面部表情而只解读表情符号，那么我们怎么能识别出额头上出现的轻微皱眉表示忧虑呢？

玛丽·埃伦·斯莱特是我在高盛的"10 000家小企业项目"的学生，她的内容营销公司正蓬勃发展，她把这些经验牢记于心，并在谈判中感受到了巨大的变化。尽管在准备过程中，她会尽可能多地了解将要与自己交谈的人，但不可避免的是，有时我们都需要根据手头的信息做出决定。她对当下的专注使她更擅长于此。她说，当某人来开会时，她能分辨出他们是否真的对某个项目感到兴奋。"我能从他们的眼睛里和脸上看到，我能从他们做笔记的方式，以及他们是如何转变的……来了解讨论这个项目是否会让他们感到兴奋和喜悦。"相反，当她分辨出一个人的主要情绪是害怕和焦虑时，她的策略也会随之改变。"如果我读出来的是积极的情绪，我们就开始头脑风暴，通常协商出来的内容都是我们从未摆在谈判桌上的东西,他们甚至从没有想过,我知道他们会有兴趣,所以我就直接抛出来。当我遇到烦躁焦虑的人时,我会试着尽量少做一些事,我会说:'我听说你被这一切搞得不知所措,要是我们把它拆分成几个部分呢?'我能看出来他们开始放松一些了,这次对话的最终目标是就我们要做的工作和付出的代价达成共识。"

避免透明度错觉

我的朋友萨曼莎所在的公司正在招聘新的经理。面试程序的一个环节是,六名员工组成的团队与候选人坐在一起,提出问题,然后进行讨论。在一次这样的面试后,萨曼莎和她的同事聚在一起汇报情况,每个人都问萨曼莎为什么她这么讨厌这位求职者。

"你们在说什么呀?"她说,"我觉得他很好啊。"

"那你为什么对他怒目而视?"

"什么?"萨曼莎说,"我没有。"

她的同事十分肯定地说,是的,她是在怒目而视。他们甚至模仿了她的表情。萨曼莎吓坏了。

"我看起来是那样的吗?"她问道,"我只是在集中注意力,这是我在认真倾听的表情。"

正如萨曼莎现在看到的,她倾听时的表情看起来更像是一副怒容。领导力作家兼演说家卡萝尔·金西·戈曼说过:"肢体语言因人而异。它与你的意图没有多大关系，而是与你对它的解释有关。"萨曼莎陷入了所谓的透明度错觉：一个人认为自己的感觉、欲望和意图对其他人来说是非常清楚的，即使他们很少与人明说。现实是一回事，感知则是另一回事，这两者是不一样的。

有些人非常擅长表达他们想表达的东西，但对我们大多数人来说，提高这方面的能力是一个终身学习的过程。虽然有一些技巧，但依旧不容易。

第一是要在当下充分投入。你必须完全意识到自己的情绪，并且注意自己的面部表情。你不仅要注意自己说的话，还要注意对方话语的基调、他们脸上表情的细微变化，这样你才能知道他们是如何接收你的信息的。

我们也可以为此寻求反馈。萨曼莎的同事嘲笑她臭脸的样子，但她本可以在他们这样做之前向他们寻求反馈——下一次，她就这么做了。在下一次面试结束前，她说："嘿，我想尝试着告诉大家这是一份紧张的工作，但又不想让人觉得我很可怕。你们觉得我做到了吗？你们认为那个人真的明白我在说什么吗？我想在这方面做得更好。你们觉得我下次该怎么做才能做得更好？"这种反馈既适用于面试，也适用于她与同事们的日常会议。

萨曼莎在沟通方面还有很多工作要做。如果她在一个无关紧要的面试中摆出一张臭脸，那么当她身处一个她真的不喜欢对方的会议中，或者当她因为会议进行得太漫长而感到不耐烦时，她的焦虑感就会更加明显。大家都知道，当她觉得有人在讲废话，或者她觉得会议应该结束时，她会快速地用笔敲桌子。她经常因此受到批评，并感到沮丧和被误解。当一位顾问来帮助整个团队进行沟通时，他帮助萨曼莎练习放松的、表示开放的肢体语言，以及均匀的深呼吸。顾问让她专注于自己说话的速度和音量，以及她从别人那里接收的信息。萨曼莎开始明确而有意地寻求反馈。

这种非语言的交流一直被运用于大国谈判和外交中。米歇尔·奥巴马在她的回忆录《成为》中写道，在巴拉克·奥巴马第一次竞选总统期间，她被叫去会见戴维·阿克塞尔罗德和瓦莱丽·贾勒特。米歇尔一直受到反对派的猛烈抨击，他们试图把米歇尔描绘成一个愤怒的无政府主义者。这招看起来很奏效，但米歇尔并不认同。几个月来，她一直在做同样的演讲，这似乎引起了听众的共鸣。她觉得自己在谈话中带着真情实感和真心，她并没有生气。然后，阿克塞尔罗德和贾勒特调低了录音的音量，这样他们就可以观察她的肢体语言和面部表情。"我看到了什么？"她写道，"我看到自己演讲时充满激情和信念，从未泄劲儿。我总是谈到许多美国人面临的艰难时期，以及我们的学校和医疗体系中的不平等。我的面部表情反映了我所认为的事情的严重性，以及摆在我们国家面前的选择有多么重要。但这显得过于严重了，至少考虑到人们对女性的习惯性期望来说是如此。我从陌生人的角度来看我自己的表情，尤其是当它带上了不讨人喜欢的信息时。"[6]

米歇尔·奥巴马说，一名加入该团队的顾问曾对她提出建议,"发挥我的长处,以及多谈谈我最喜欢谈论的事情,比如我对丈夫和孩子的爱,我与职场妈妈的关系,以及我引以为傲的芝加哥血统"。顾问也认识到米歇尔喜欢开玩笑,并坚持说这没什么。"换句话说,做我自己。"[7]

激情是一种强大的力量。要向别人展示是什么驱动着你、激励着你,如果你能在演讲或谈判中很好地运用它,你就会很有说服力。激情可以传染,但也可能被误解。如果没有进行很好的沟通,它可能会显得专横、咄咄逼人和不讲理。这并不意味着女性没有愤怒的权利,她们当然有。在其他演讲中,当米歇尔·奥巴马想要表达她的愤怒时,她做到了。相反,我们只需要理解别人如何看待我们的交流,并认真思考听众是否得到了他们想要的信息。保持平衡是一门艺术。我通常赞成在谈判中流露情感,尤其是因为我重视人际关系和诚实的信息交流。但是,能否有效地引导我们的情绪是思想沟通成败的关键。感知就是一切,你必须了解你的话语和表达是如何被接受的,以便能够连接、传达、影响和打动他人。

有时候,成为一名更好的沟通者与他人无关,反而完全取决于自省。自省并不是关于判断或者关于因错误的交流而自责,而是关于理解。它是一种关于好奇心驱动的方法,你已经用这种方法去理解了别人,现在要将其转向内心了,这样你就能更多地理解自己。它是关于探索你在他人面前的感觉,以及他们做了什么而带给你这种感觉的过程。例如,当我和朋友们在一起的时候,他们都在玩手机,而我已经养成了一个习惯,那就是在内心检查自己的感觉——通常是紧张和烦恼。当我和别人交谈时，我能够回忆起那些感觉，所以我能够更好地抵制那些可能让我分心的干扰。对我来说，现在更容易抑制住伸手拿手机的冲动，并说"现在还不行"。

专注正念聆听

在小学里有这样一个很流行的谜题。在学年开始的时候，有人在校园里被谋杀了。体育老师说不可能是她，因为当时她正在看学生们跑圈。校长说不是她，因为当时她正在校园里巡视。数学老师说也不是他，因为他正在给期中考试评分。那么，是谁在说谎？

答案是数学老师，因为他说他在给期中考试评分，而谋杀却发生在学年初。这个谜题测试的是你的听力能力，看看有哪些重要信息被你轻易忽略了。同样，任何谈判的关键部分都是专注于获取信息，然后仔细地、有条理地分析。你不能因为任何一条信息不重要就放弃它，任何事情都是重要的，直到它不重要为止。

用心聆听也是一种策略。因为当对方觉得他们是你的焦点的时候，他们更有可能敞开心扉。你收集的信息越多，你就越能理解对方的观点，这样你就能更好地构建你的论点。

当你在正念聆听时，你就会专注于倾听每件事。这听起来很简单，对吧？但我的学生说，正念聆听是我课上最难的部分。在我强烈建议大家重复的一个练习中，我让他们找一个搭档，坐在对面。正念聆听很重要，因为双方处于同一水平，所以他们的看法是一致的。然后其中一个人发言5分钟，想说什么就说什么。可以是那天发生的事情，可以是那天晚上他们想吃什么，也可以是他们想分享的、有意义的、给人深刻印象的记忆。聆听者必须把注意力集中在其搭档所说的话上，而不是集中在该怎么回应，或者当他们互换角色时该说什么上，因为之后会轮到他讲3分钟。聆听者可以要求澄清或跟进问题，但要小心不要妄下论断——甚至包括肯定的声明，比如"哇，那一定很难"，或者"哇，听起来很好吃哦"。正念聆听只接收信息，这需要集中、专注和耐心。

在谈判中，当你做出肯定的声明时，你可能使用的不是正念聆听，而是积极聆听。然而，我还是建议练习正念聆听，因为它能增强集中注意力的"肌肉"。这就像举重能帮助你准备跑马拉松一样——每一位好的教练都会告诉你交叉训练是必不可少的。倾听比我们想象的重要得多，你必须努力控制自己的思想，否则就要培养擅长倾听的技能。如果你在和谈判对手说话时把注意力集中在如何回应上，你就有可能错过关键信息。正如史蒂芬·柯维在其影响深远的著作《高效能人士的七个习惯》中所写的名言："大多数人倾听的时候不是怀着理解的意图，他们倾听的目的是回答。"不过，也许你会担心——你不希望对方说完后转向你问："你怎么看？"感觉自己太专注于倾听却没有考虑如何回应。你不会想要随之而来的可怕的沉默（参见第二章）。提醒自己这没关系的。在考虑如何回应这些信息之前，允许自己充分理解这些信息。不要让匆忙的感觉影响你的判断。你可以说："让我考虑几分钟。"

  教授倾听技巧的一个更自然的结果是，我对自己有了更多的认识。我注意到，提高倾听能力可以加强我的人际关系。我能比以前更快地与人建立联系，这多少能说明一些问题，因为我是一个内向的人，这看起来有点微妙，但我能感受到这种区别。例如，我有一个朋友，她最近失去了一份很好的工作。尽管之前她已经看到了一些"不祥之兆"，预感到这件事情将要发生，但她得到消息的时间比预想的早得多。我们见面一起喝了几杯，很明显她还没缓过来。我的第一反应是告诉她我自己的失业经历（这个我在第二章叙述过）。我以前从来没告诉过她这些，我想这可能会对她有所帮助，因为这会让她知道我理解这种感受。但我阻止了自己。在我开口说话之前，我需要听听她说了什么，真正地倾听她说的话。我们的经历有一些关键的不同——我的失业发生在职业生涯早期，而她已经工作多年了。因此，对她说"我完全了解你的感受，因为我也经历过"是行不通的。是的，这不对。我并不知道她的感受，除非我用心倾听她的诉说。我的经历可能并不会引起共鸣，我需要专注地听她说，而不是考虑自己要说什么。

管理负面情绪

  在谈判中，正念聆听之所以很难，部分原因是人们对谈判的开始感到焦虑。如果你被恐惧所支配，如果你激活了你的杏仁核（大脑中决定是战还是逃的部分），那么几乎不可能仔细而集中注意力地倾听。现在，一点点的焦虑——或者更确切地说是担心——会让你在谈判中更有动力，准备更充分，并且会让你保持感官的敏锐。但是，太多的担心或者恐惧就会让你无法清醒地思考。你必须把自己调整到最佳状态——你要成为管理自己情绪的大师。

精神病学家维克托·弗兰克尔有一句名言："刺激和反应之间存在一个空间，在这个空间里我们有力量选择我们的反应，我们的反应决定了我们的成长和自由。"这句话就像是对正念的呐喊。正念早已超出了瑜伽修行者和哲学家的领域，渗透到了世界的其他地方。无论你是在谈判桌前还是在感恩节餐桌上，正念都能帮助你认识和管理自己的情绪。

在谈判过程中控制自己情绪的最好方法就是在谈判前充分考虑清楚。大多数人都有过这样的经历，半夜突然醒来，或者一开始就无法入睡，因为他们正在和某人激烈地争论……在他们的脑子里。从某种程度上说，怒火中烧和沉思也是一种准备——它们向你发出信号，预示当你最终和对方交谈时，会把强烈的感情带入讨论中。因此，你需要弄清楚这些强烈的感情是什么，它们从何而来，以及你如何才能最好地利用它们来为谈判服务。请注意，我并不是要你不做自己。做你自己，要为此做好最充分的准备，做一个情感上最协调的版本的自己。

如果你带入讨论的主要感觉是愤怒，那么你得小心了。然而，一旦人们普遍接受愤怒在谈判中是一种有用的情绪，情况就不是这样了。研究人员在1997年的一项开创性研究中发现，愤怒的谈判者和他们的对手在今后更不愿意与对方合作，他们获得的共同利益更少，而愤怒的一方实际上也不会因为愤怒而为自己争取到更多的利益。[8]最近的研究则表明，当人们面对愤怒的谈判者时，他们更有可能会一走了之。[9]

安妮在领导董事会时处境艰难，因为董事会里一个叫梅利莎的成员经常挑起事端，言语伤人。梅利莎经常在电子邮件的开头攻击某个人的意向，由于董事会成员都是出于善意而付出时间的志愿者，出于对同事的保护，安妮经常对梅利莎发火。每当她在收件箱里看到梅利莎的名字时，她都能感觉到自己的血压在升高。在梅利莎和其他几个董事会成员之间发生了一场非常恶劣的电子邮件大战之后，安妮决定带梅利莎出去喝咖啡。她真的不想这么做，但她觉得也许能用一种有助于团队前进的方式来吸引梅利莎。

在她们见面之前，安妮想了所有梅利莎可能激怒她的方式。这种情况以前在董事会会议上发生过很多次。安妮的反应是让她闭嘴，控制谈话，把话题从梅利莎身上引开。安妮的脾气不太好，因为她有很多重要的工作要做，所以对闲扯没什么耐心。总之，安妮知道这次咖啡之约可能会朝非常糟糕的方向发展。但她的整个目标是为了建立一种更好、合作性更强的关系，所以安妮不能让讨论偏离轨道。她计划着如果梅利莎发起攻击她该怎么做——如何呼吸，如何触摸桌子让自己平静下来，如何在回答之前停顿一下，如何在说话时确保自己的声音正常。她想了想，在她们的会面中，她绝对不会喝咖啡，这会让她紧张不安，还可能会加快她说话的节奏，她会点花草茶。如果她真的生气了，她会想象自己正身处她最喜欢的讽刺作家大卫·赛德瑞斯写的故事中。通过把注意力集中在梅利莎的荒谬上，她可以发自内心地微笑，并做足表面功夫，实现自己的目标。

尽管有时与难相处的人打交道的最佳办法是尽可能保持会谈的专注和务实，但安妮意识到，与梅利莎在一起时，闲聊是最重要的——关键是要放下议程，让她畅所欲言。事实上，在谈判之前和谈判过程中，你与对方的关系越融洽，你就越能控制住怒气。安妮怀疑梅利莎只是需要一个听众好让她把想说的话都说出来，而不需要反驳。经过半个小时的闲聊，安妮问了一些友好的问题，她知道这些问题会让梅利莎放松，让她感到舒服。之后，她们深入研究了董事会提出的一些更复杂的问题。安妮让梅利莎尽情地说话——她想说多少就说多少。安妮提醒自己专注于此，不需要像在董事会会议上那样经常打断梅利莎。她可以只是听和看。她看到的是巨大的伤害和脆弱。当然，梅利莎没有直截了当地说"我很受伤，很脆弱"，但事实非常明显。梅利莎漫不经心地说，她没有参加上次的董事会会议，因为她认为每个人都讨厌她。她还讲述了一位董事会成员偶然见面时给了她一个拥抱的故事。从她讲述这个故事时的肢体语言可以明显看出，这种互动对她来说很重要，非常重要。通过这次咖啡之约，安妮了解到的东西比她和梅利莎在董事会工作的一年中了解到的还要多。看到梅利莎的不安全感，安妮意识到梅利莎需要安慰，需要安全感。如果梅利莎感到安全，她就会表达自己真正的观点，而不是迷失在分裂的语言中。

花时间和梅利莎接触是值得的，因为这节省了安妮在董事会会议上的大量时间，这样团队就可以更有效地专注于手头上的议程。在一次会议上，这种方法确实起作用了。但是之后，梅利莎又采取了分裂的策略。安妮本来在心理上做好了再次与她一对一谈话的准备，但是她认为这样做不值得，董事会需要另寻出路（不幸的是，这涉及把梅利莎挤出去）。在许多谈判中都会出现这样的情况：你必须决定参与谈判是否有意义（在与棘手的家庭成员谈论政治之前，这是一项特别重要的内部审视）。简而言之，这只是因为你有能力管理自己的情绪，并不意味着你总是想这样做。有时候，远离棘手的谈判伙伴是最明智的做法。

许多谈判代表在特定的会面中，不仅会控制自己的情绪，而且会通过练习冥想，使正念变成一种本能。福特公司的比尔·福特、Salesforce（客户关系管理软件服务提供商）的马克·贝尼奥夫、埃米·舒默和阿里安娜·赫芬顿都是专注于冥想的人。其他人，比如我的学生茱莉娅则选择练习瑜伽。"瑜伽让我在日常生活中偶尔能放松一下。"她说，"在我的工作室，我们都会把手机留在另一个房间。"她的瑜伽练习专注于垫子上的世界，这有助于她在咨询工作中管理好时间。"有时，我意识到我像是一卷自动收报机的纸带，里面都是我告诉自己的别人对我的看法。这真让人泄气又分心，而且效率低下，这就是为什么我在瑜伽垫上培养的专注力是如此宝贵。"总之，找到让她安静下来的方法对她很重要，这也直接反映出她是一个怎样的谈判者。当你在进行一场具有挑战性的对话时，"你不会去想为了工作而不得不做的其他八件事，或者想，'哦，我不该说刚才那些话的，现在他们可能觉得我是一个傻瓜'"。她说。

尽管茱莉娅经常练习，但她仍然会很努力地注意自己的内心独白并观察自身，就像漂浮在云上或河流上，但没有被它卷入其中。这是一种超脱的表现，威廉·尤里称之为"去阳台上"。你想看看发生了什么，并承认自己的想法和感受，但要有一定的距离感。你会想，"嗯……我现在有一些强烈的想法和感受"，但是如果不给自己那种弗兰克尔所写的幸福的空间，你就不会付诸行动。

"上周工作的时候，有个客户对我说的一些话让我猝不及防。"茱莉娅说，"客户对他们的一个同行决定将合同范围延长到原定结束日期之后感到惊讶，而我们正打算帮客户完成另一个工作模块。乍一听到这些，我感到的既不是愉悦、兴奋，也不是感激，这是我的问题，也不是我的问题，但这些话的措辞让人感觉是在针对个人。"

"我的第一反应是'浑蛋，这也太糟糕了，真的太糟糕了。他们不需要我们的帮助，我们没有展现出足够的价值'。我的大脑开始快速运转，就在那一刻，故事开始了。"她说，她担心客户对她的看法，担心她可能做错了什么。"我的脑海里闪过所有我能想到的事情，"她说，"在那些时刻，我很难记起我对周围发

第七章 在场思维

生的事情做出的结论，可能是没有任何帮助或者说是不真实的。"

她提到在练习中，当你成功地进入正念状态时，你就会意识到这些想法，观察它们，尊重它们，然后释放它们。"我想，嗯，我明白这些想法，我要让它们在天空中飘散。我要把注意力集中在当下那些真实的东西上，而不是我头脑中虚构的担忧。因为这些对你自己没有任何帮助。"她补充道，"除非你的故事表达的是'你太棒了'，否则它通常都是消极的，会让你情绪低落。"

朱莉娅的疗愈方法是瑜伽，你也可以有你自己的有效的方法，最终的目的都是注意到内心的批评声音，并与之保持一定距离。我一直在怀疑和消极的自我对话中挣扎，而我选择了和朱莉娅完全相反的方法：我选择去 SoulCycle（高端健身俱乐部）健身。那里对我来说是一个休息的地方——没有电话，房间里很暗，只点了几支蜡烛，音乐声很大，以至于你都听不到自己在想什么。你所能关注的是努力的强度，汗水顺着你的脸滴下来，你呼吸急促，享受着内啡肽的大量释放。在这节健身课结束后，我已经放空了一段时间，这时我几乎总能更客观地去思考。

***

有很多种方法来练习如何专注于当下，无论你是在参加派对时不带手机，还是在飞机上看日落，又或者是练习瑜伽。但我最喜欢的一种描述在场感的方式来自我的学生格伦。格伦从 5 岁起开始弹吉他，他把在场的概念比作区分音符。"我觉得我在某一时刻能够做到的最不可思议的事情，"在谈到他的音乐时，他说，

"不是弹奏出更多的音符或者弹奏得更快,而是要在音符之间留更多的空间。音乐之所以成为音乐,就是要留出空间。"否则,这些音符就会混合在一起,那不是音乐——那是噪声。自从他告诉我这一点,我就把在场感当成音符之间的空间。它可以是无穷小的,也可以是微妙的。但没有它,一切都只是噪声。

08

第八章

富足思维

去年冬天的一个周一，我到我居住的华盛顿哥伦比亚特区去报到，准备履行陪审员义务。在等待了一个上午后，我成了一个陪审团的候选陪审员之一。法官给我们讲了要审理的这个案子的大概内容——这个案子看起来很简单，当天就能审理完。然后，他让我们之中不能连续四天到场的人到讲台上去找他。"真该死。"我心想。周三的上午，我必须去纽约给一个班级上课。尽管法官提出了这个问题，但我知道这个案子不会持续太久，所以如果我保持沉默，我就能在今天或者第二天结束我的义务服务。此外，由于最终的陪审团还没有选定，我实际上是可以被解雇的，这也能让我履行我的陪审团义务。但这是在法庭上，当法官要求我们提供信息时，我觉得我不能有所隐瞒。

我告诉了法官我的时间有冲突，于是他让我离开了这个陪审团小组，让人重新给我安排日程。接下来发生的事就像《宋飞传》里的情节一样。书记员一看到我就显得脾气暴躁、烦躁不安。当我向她解释我的情况时,她说我可以走,但需要在90天内选择一个周一回来报到。

"有个问题,"我解释说,"因为从下周开始,我每周二都要在费城上课,所以过了周一我就得走了。我们下次还是会遇到同样的问题,甚至更糟,因为那时我只有周一有空闲了。"

她面无表情地耸耸肩:"你还是得选个日子。"

"但我又要花整个上午等同样的事情发生,然后我会再次站在你面前说同样的话。难道我不能去参加周三举行的审判吗?"

"不行,"她说,"如果一开始你就被安排在周一,那么你只能选择另一个周一。"

"好吧,那我可以在5月的某个周一来吗?那时候学期结束了,我也不用上课了。"

"不行,"她说,"那就超过90天了。"然后她继续教导我作为一个公民的责任。

这段经历中最令人沮丧的部分是,我想要履行作为一个公民的义务,我甚至想当陪审员,我认为这将是一个有趣的过程,尤其是从谈判的角度来看。我没有找借口逃避。我觉得这位书记员可能是被人糊弄过,所以看不出来我的用意是好的。我也相信很多关于陪审员服务的规定都是有正当理由的,但她没有给予充分的解释,所以我也不知道是不是真的合理。我想表达我的意图,于是我想了一个方法,既可以履行义务,又不耽误上课,但显然她对我的提议充耳不闻,或者,更确切地说,它引发了一场有关公民责任的演讲。

僵化的日程安排制度让我想起了我的学生在课堂上做的事情。他们会特别关注一件事，而且只关注这一件事：在谈判中，他们能从"蛋糕"中分得多少。他们就像是戴了给狗狗戴的"伊丽莎白圈"*，看不到眼前的东西（甚至是狗粮）。他们大脑中用于解决问题的部分死机了，因为他们在全心全意争夺自己的份额。

我们一直戴着"伊丽莎白圈"，而且我们甚至都没有意识到它的存在。我们这样做的原因和这个僵化的日程安排制度是一样的：我们处于一种锁死的思维模式中，在这种状态下，说"不"是很容易的。通常，只看到我们狭隘的利益比把我们的谈判伙伴看作与我们有共同利益的人要容易得多。在每一次谈判中，我们都担心对方会伤害我们，因此我们必须变得无情且强势，而不是友善、真诚和包容。我敢肯定，那位安排日程的书记员听到过无数借口。我确信当我来到她的工位前的时候，她的神经已经紧张起来了。我相信她的固执是有很多原因的。但令人恼火的是，没有妥协的余地。

无论如何，为了达到目的或更好的结果，我们需要思考是什么限制了我们的思维，以及为什么，并更广泛地思考还有什么其他的可能性。正如温斯顿·丘吉尔所说："悲观主义者在每个机会中都看到困难。乐观主义者在每个困难中都看到机会。"

在这一章中，你会发现，假设每个人都手握丰富的资源，这样可以让你发现彼此共同的利益，为解决问题创造更多的选择，

---

* "伊丽莎白圈"，一种戴在脖子上，像反过来的灯罩一样的脖套，专为小动物在术后或患病期间佩戴使用，以防它们抓挠伤口和患处。——译者注

第八章　富足思维

给你离开的勇气，还能让你释放更多的影响力。最重要的是，当我们从富足而非匮乏的基础开始考虑问题时，我们就不是在瓜分"蛋糕"了，而是在把"蛋糕"做大。

资源不足就转变心态

我在教室、陪审团室、机场里排队时，尤其是在工作场所中，看到过"稀缺性思维"的例子。我在体育行业工作了15年，做过不同的工作。虽然我看到了越来越多的性别多样性，但是这一行业仍然是由男性主导的。女性高管的稀缺会催生更多的竞争，就像科技、金融和法律等由男性主导的行业一样。研究表明，比起为其他女性工作，女性更愿意为男性工作。在一项比较律师事务所态度的研究中，在那些女性高管较少的事务所中，女性员工"几乎普遍会受到"其他女性的斥责。[1] 可悲的是，在职场中，女性对彼此的态度要强硬得多，她们会为了保住自己在领导层的位置而激烈地竞争。她们认为这是一场在竞争激烈的环境中一定要赢的战斗，她们认为很少有象征性的女性能跻身高位，她们想要成为其中的一员。当只能允许一个人存在的时候，和另一个女性合作？那不可能。

事实上，我们都认同"高处不胜寒"的道理，顶部的空间是有限的，只有一条路可以到达。在一项卖补品的练习中，一个名叫希瑟的学生表现得比班上其他人都好。但是当我指出她无法证明她的过分要求是合理的时候，她有点恼火："但是我做得最好。"虽然她确实做得很好，但也要看到其中有某些运气成分。希瑟的谈判对象并没有问她为什么需要这么多补品，而且运气也并不是可持续的。也有可能她的同学会记住她的那些无理要求。在现实世界中，她会被认为是一个不讲道理或者贪婪的人。而在课堂上，她会让她的同学对她充满警惕。

当你把谈判看成"赢者通吃"的时候，你就会失去创造性思维，也会错过谈判双方单独思考时都想不到的选择。你无法超越竞争本身，就像林-曼努尔·米兰达的音乐剧《汉密尔顿》中悔恨的亚伦·伯尔所说："我本该知道这个世界对我和汉密尔顿来说都足够宽广。"

我的学生埃斯特是在匈牙利长大的。这并不是一个培养丰富思维模式的理想环境，因为所有能想到的资源都是以一种谨慎而有限的方式分配的。她的祖父因为批评政府而入狱，于是全家人寻求加拿大的难民身份，但最终被拒绝了。柏林墙倒塌后，他们不得不回到匈牙利。"我从我奶奶那里知道，在我童年的时候，世事艰难，"埃斯特说，"我们没有钱买面包，屋里的暖气也不足。"尽管埃斯特的母亲是一名医生，父亲是一名律师，但这个家庭的收入和其他家庭差不多。"在资本主义社会中，你有机会跳出思维定式，"埃斯特解释说，"但在这里，一切的定义都非常有限——你只能每隔几年获得一本护照，你只有指定数量的钱，因此买不了东西，甚至有时都没有流通货币……我妈妈总是试图把事情做得更好。你是如何把看起来和别人没什么区别的东西变得更有意义的？"埃斯特说，由于她妈妈的苦心经营，她有一个美好的童年，并且感到内心富足。她妈妈的创造性思维总能化腐朽为神奇。"我们没有买冰激凌，"埃斯特说，"但是（我妈妈）告诉我们，因为我们很擅长节省买冰激凌的钱，所以我们以后就可以吃到巧克力蛋糕了。我觉得，最终是对巧克力蛋糕的念想和期待让我们感到内心富足。它重构了我们的思维方式，即我们不是买不起冰激凌的家庭，我们是为了未来而明智地储蓄的家庭，而这个选择本身也是明智的。"

"当我们有足够的钱买巧克力蛋糕时，她说我们可以吃巧克力蛋糕，或者我们可以买冰激凌，然后把剩下的钱存起来买比巧克力蛋糕更好的东西。"

通过这种方式，埃斯特学会了如何从已经拥有的东西中获得更多。她7岁的时候，去跑腿买纸巾，妈妈给了她买两包纸巾的钱。"我记得我在市场上以物易物，问谁能给我一个更好的价格或者更划算的交易，或者有什么赠品。"最后与她交谈的一个商贩问埃斯特，她为什么要如此努力地达成交易。"我告诉她我需要钱给我妈妈买花，给她一个惊喜，我跟她说了类似'没有优惠我就不在你这里买东西了'的话。"这个商贩显然没有被埃斯特的"威胁"所动摇，但是被她的早熟和心思打动了。当埃斯特回到家时，她带回来的不仅有纸巾，还有给妈妈的花。

从宾夕法尼亚大学毕业后，埃斯特做了一名战略顾问。然而，她并不满足于此（为什么不能做更多呢）她又和她当时的男朋友（后来成为她的丈夫）一起创办了一家在线零售商店。他们的业务很成功，于是他们又开办了几家公司，最后把它们都卖掉了，以便专注于他们共同创立的一项新的咨询业务。埃斯特在工作中一直很会谈判，并且她视谈判为一种合作，而不是竞争和冒险。在达成一笔交易后，埃斯特的一个标志性举动就是转向她的谈判对手说："好极了，我们达成了一笔好的交易，现在，我们还能做得更好吗？"我很推荐这种做法，尽管很多人同意，但却很少有人真正这么做。埃斯特就是这么做的。这看起来似乎需要花几分钟的时间来复习谈判双方彼此了解到的所有新信息。还有其他领域可以让他们一起合作吗？他们还能做些什么，可能是最初协议中的一部分，也可能是协议之外的内容，还有对双方都有利的事吗？埃斯特总是会根据是否有下一笔交易来分析她是否要以不同的方式来处理一笔交易，她说，将每一笔交易都视为将会发生的交易是她的道义责任。事实上，真的会有人再次与她合作，这让她很吃惊，而她从未想过他们会这样做。

在一次个人投资交易中，埃斯特与一家大型房地产开发公司——我们叫它 ARCO——就购买一套位于布达佩斯市的公寓进行了谈判。这笔交易相当复杂，但最后归结为这处正在建设中的房产的面积要小于 ARCO 承认的面积。"我知道他们错了，所以我问他们到底是怎么计算的。"她把每个细节都仔细检查了一遍，最后证明她是对的。不过，没有一家律师事务所愿意代理她的业务。"他们说我不可能和一家这么大的公司抗衡，尽管他们知道我可能是对的。"

因此，埃斯特给 ARCO 写了一封信。她表示，尽管该公司可能不是有意的，但其关于公寓大小的信息是不正确的。她解释说,他们的争议可以归结为数学问题,在这种情况下没有"他说"或者"她说"。她说,除非有独立的第三方机构核实测算结果,否则她不会签署合同。ARCO没有友好地回应,而是强势引入多达6名律师。"他们告诉我,如果我不签字,我们就要打5年的官司。但我还是不肯签字。于是ARCO的人说:'你既没有权利也没有权力这么做。如果你不签字,你会输掉这场官司,到头来你会竹篮打水一场空。'"

大多数人在面临这样的困境时,要么签字,要么鼓起勇气接受诉讼。在这种情况下,ARCO肯定没有给埃斯特任何合作的理由或者相信任何形式的合作是可能的。他们想胁迫她屈服。她说:"所以我告诉自己,要把谈判中的消极部分区分出来,放在一边。"当她这么做的时候,可能的转机就出现了。埃斯特做了两件事情,再次推动了合作与紧张的竞争过程。首先,她联系了现场施工的负责人。"我和每个人亲切地交谈,并询问这个项目所面临的挑战。这样做很正常,我并不是在执行收集情报的间谍任务。与施工负责人和项目工程师的良好关系让我后来在与对方律师的谈判中理解了某些行为的动机。"

其次,她又给ARCO写了一封信。她在信中说,她知道他们最后一次的会谈结果是消极的,她希望双方把焦点转到更积极的事情上。她给了他们三个她觉得满意的选择,其中一个是埃斯特从他们那里买点别的东西。如果他们同意,那么她认为他们有望达成协议。

值得注意的是,埃斯特从项目工程师那里了解到,公寓面积比承诺的要小是因为结构问题,这栋楼中所有的公寓面积都比承诺的要小。她在信中表露出这些信息,并威胁说,如果 ARCO 不与她合作,她将去找其他业主,发起集体诉讼。事实上,在这封信的初稿中她确实提及了这一信息,但是后来又删掉了。理由是如果她威胁 ARCO,她就不能很好地呈现出协议的积极框架。"如果我不能在没有威胁对方的情况下'赢得'我想要的,那么我也不会感觉良好。这就是我现在对谈判的看法。如果你不能用正确的方法,那么结果就没有价值。"毕竟,以利益为基础的谈判的目的是"让人们恢复理智,而不是使其屈服"。[2] 基于利益的谈判是为了解决问题,而不是为了赢。它是一种看到双方的利益,并找出某种方法来满足双方,让每个人都感到舒服的方式。赢包含不同的含义,这不是单方面的获得,而是可以为未来的机会奠定基础的共赢。

ARCO 最终选择了埃斯特提出的三个选择中的一个,他们最终达成了协议。更重要的是,不久之后,当 ARCO 在另一个项目中遇到问题时,他们还聘请了埃斯特担当顾问,因为他们信任她。

关于埃斯特的富足思维模式,我最喜欢的一个故事也许根本与商业无关。埃斯特夫妇和她弟弟想带她爸爸去他最喜欢的餐厅庆祝生日,但不知为什么,他们没预订上,侍者很友好,但也很坚定地拒绝了他们,因为没有桌子。

"我笑着走了,"埃斯特说,"不一会儿又回来找他,提了一些建设性的意见。我建议他在室外为我们加张桌子,我们不介意

第八章 富足思维　189

这样（他们就餐的区域有限，但是我在四处走走的时候，看到了很多桌椅），或者我们在原本想预订的位置那里等上15分钟（也就是他们保留无人预约的时间）。"

侍者依旧拒绝了，他感到很抱歉，但那天晚上实在没有位置给他们了。埃斯特又走了，并想了一会儿。然后她又回来找到侍者说，那天的夜色是那么美，而那家餐厅所在的小镇又是那么迷人。他们想先去散散步，然后回来再看看她或者侍者有没有想到一个可行的解决方案。"我想，即使没有'放弃预订'的人，这也能给工作人员时间去想一个无压力的解决办法。有时我发现人们在自己离开后就会想到解决办法——我知道这一点，因为有时我会再回去看看。"

果然，当她和她的家人15分钟后回来时，侍者说现在有位置了，问她是否还需要。

注意，埃斯特并不讨厌这个人，她不是在拒绝收到否定的回答，也不是一遍又一遍地重复"但我就是想要一个位置"，她是把缺少一个位置当成一个需要解决的问题，一个她和侍者可以合作解决的问题。在这种情况下，她没有固化自己的思维，在面对一个看似棘手的问题时，她本可以在失败时耸耸肩，但她选择以不同的方式看待这种情况。

"在我们享受了一顿美好的晚餐后，我亲自去感谢了每一个帮我们解决位置问题的人，我告诉他们，在生日这天和自己的孩子（平时在国外生活）一起吃饭对我父亲来说有多么重要。最后，他们都觉得自己是个英雄，"她说，"我给了很多小费，但是这些小费并不是因为解决了位置问题，而是因为我希望这种人与人之间的互动是基于友善，而非金钱利益。"

我们很容易陷入一种固定的思维模式，因为当我们将一个问题归为不可能解决时，说"不"和"不能"比尝试创造性地合作去解决要更容易。当与有这种心态的人一起工作时，有时需要数次尝试才能让他们转变成解决问题的心态。最近我去一家百货公司退掉了自己买的两件衣服，因为当我把刚买的衣服拿回家时，我发现它们不太适合我。我的收据丢了，但标签还在衣服上，所以我觉得应该没什么问题。我向售货员解释收据的问题。"你能在我的信用卡上查一下吗？"我问道。因为我知道他们通常都有交易记录，可以显示某人为某件商品支付了多少钱。

"不行，"她说，"因为你买的是高级定制系列，对于这个系列，我们需要收据。"

我相信她，我明白这是他们的政策。但是为什么呢？这个政策本身对我来说毫无意义，所以我请她解释一下。"因为数额大，所以才需要提供收据吗？"我问。

"在标签上，"她耸耸肩，指着一件衣服上的标签说，"上面写着需要收据。"

当然，她是对的。我说我理解这是政策规定（拜托，谁会认真阅读标签上的字），但是这个理由对我来说没有意义。"那么我现在能做什么呢？"我问她，希望她能帮我解决问题。

她说她很抱歉——我知道她真的很抱歉——但是她说没有收据就不能让我退货。

那时我正考虑还有什么其他选择,那就把这些裙子送人吧,为什么不直接送给她呢?

"你穿这两件合适吗?"我问,"如果不合适的话,我就把它们捐给慈善机构。如果合适,就当是我送给你的礼物吧。"我是认真的,虽然荒唐,但确实是认真的。

她扬起了眉毛,然后仔细地看着我。"好吧,"她说,"如果你记得它们是在哪个登记簿上登记的,我们就可以找到交易记录了。也许,如果你能记得是哪个收银机结账的话……"

"我可以!"我指着5号收银机说。从我走进来,到她发现交易记录,一共花了45分钟。到最后,我们成了朋友,一起想办法解决问题。按照他们的政策规定,她没有给我的这次购物积分,而是把钱退回了我的信用卡。

当然,这种紧迫的问题解决模式并不总是奏效。肯定对陪审团的书记员不起作用。但试着(友好地)帮助别人进入那种心态是值得肯定的。

坚守道德底线

通常,人们会看到两种谈判方式:一种是假设没有充足谈判筹码的残酷的谈判方式,另一种是假设筹码非常充裕的谈判方式。当我们采取后一种方法,即基于解决问题和明确寻求共同利益的方法时,我们经常会被贴上"缺乏经验"或者"天真"的标签。当我们采取前一种方法时,则经常会被贴上"好胜"和"不妥协"的标签。在这一节中，我将讨论为什么"天真"这个标签是错误的，至于另一个标签，还有待商榷。

斯泰西在底特律创办了一家由社会使命驱动的公司，专门从事定制丝网印刷业务，同时也是社区聚会的场所。当她报名参加高盛的"10 000家小企业项目"时，她的社区意识让她在参加谈判课程时感到紧张。"谈判听起来很吓人，"她说，"我一直认为谈判者都是精明的人，他们总是保持占上风的优势。"

后来，我在课堂上讨论了如何最好把谈判视为一种对话，而在这场对话中，牢固的关系才是关键，这让斯泰西深受鼓舞。她很擅长建立人际关系，也很喜欢了解他人，所以她觉得也许这门课能让自己产生共鸣。

我把斯泰西所在的班级分为几个小组进行练习，让四家不同的公司尝试从同一个卖家那里购买同一件物品。风险很高，包括卖方在内的任何一方如果不成功就有可能丢掉工作。虽然我在课堂上使用的很多练习都没有明确的对与错的答案，但是这个特别的练习有。有一个适用于各方的解决方案，让每个人都得偿所愿，只要他们向彼此摊牌。我喜欢在大家汇报时向全班展示各种结果，因为它提供了最引人注目的"恍然大悟"时刻。他们知道，如果我们能更坦率地说出自己想要的东西，我们就会皆大欢喜地离场。尽管有时自尊心会受到伤害，学生也会开启自我防御，但这种反应往往伴随着一种意识，即双赢的解决方案实际上是可能存在的，而实现这一目标的途径需要好奇心、公开的信息交流、诚实和尊重。

当然，当斯泰西开始练习的时候，她对这一切一无所知。但她把谈判当作一场对话，在询问对方诉求的同时，也会透露自己的利益所在。"我们组的人都想赢，"她说，"这对我来说很难，他们认为我很傻很天真，因为我从不想把自己的牌捂得太严实。"在这个练习中，就像所有其他的谈判角色扮演一样，参与者的反应和他们在现实生活中的反应一样。一旦他们意识到稀缺性的存在，他们的"伊丽莎白圈"就会出现，会阻碍开放且创新地解决问题的可能。结果是，他们找不到合作的出路。

在练习结束时，斯泰西的小组成员几乎要吵起来了，他们没能找到最佳解决方案。斯泰西也像她的同行一样没有走出谈判。当我们在课堂上听取汇报时，斯泰西意识到她的两位谈判伙伴在他们需要什么和必须付出什么方面误导了她。他们是从一个残酷的角度进行谈判的。"我觉得自己被利用、被欺骗了，"她回忆道，"我以为我们是在真诚地谈判。但是我被骗了。"她当着全班同学的面问我："如果你的谈判对象并不坦诚相待，你会怎么做？"我能听到整个教室里学生在下面窃窃私语，我意识到我们正在进行一场艰难的讨论，大家以前从来没有见过斯泰西这样，她真的很生气、很受伤。

"你的所得达到你的最低收益了吗？"我问。

"是的。"她说。

"你对自己的表现满意吗？你的行为保持正直了吗？你有没有忠于自己的初心？"

"是的。"

"那你做了一笔不错的交易。"我想让她记住一条流传了几个世纪却又难以被人内化的建议：我们只能影响我们控制范围内的事情。如果斯泰西专注于自己的行为，她会更有效率——其他的就不用提了。

课堂上的气氛逐渐热烈起来，一些人开始回忆起他们与斯泰西相似的经历，并批评同学的误导行为。另一些人则坚持认为，"赢者通吃"是唯一明智的方法。当然，他们认为，在这种情况下，会有一个对每个人都有利的结果，但他们的目标是不惜一切代价找到并保持自己的影响力。

那天晚上斯泰西回到家，心里仍然对所发生的事情念念不忘。"后来，"她说，"我把这些情绪释放出来，感觉好多了。我从'也许我应该争取更好的条件'的想法转移到'不，我不会因为损人利己而好受'。"

在后来的一次小组讨论中，一位同学傲慢地复盘了斯泰西的做法，并对她说："你看起来太天真了，我都想帮帮你。"斯泰西觉得很沮丧，因为她的方法被认为是业余的，而不是有原则性的。因此，她告诉自己的团队："我并不傻，我只是不想在没有必要的情况下耍花样，这让人感觉不太好。即便最后我赢了，我心里也不会好受。"

从长远来看，开放的谈判风格是有益的。在现实中，如果你能做到，你只会和试图欺骗你的人谈判一次。事实上，斯泰西团队中的一位女士后来需要印几件T恤衫，并使用了她在课堂上使用过的强硬策略与斯泰西进行谈判。这位女士同时也在考虑从另一个同学的公司订购。她喜欢在没有竞争的地方制造竞争，我经常看到这种现象，这总让我很困惑。斯泰西为她完成了这项工作，但她发现这个过程就像在课堂上谈判一样令人不快，所以斯泰西决定以后不再与她合作了。相反，斯泰西和小组里的另一位女士建立了友谊，她和斯泰西一样，认为如非必要，耍手段是愚蠢的。她们因共同的价值观而走到一起，并在事业上相互支持。

我经常看到斯泰西团队里出现的这种基础争论，谈判者会不断地努力在精明的谈判代表和不道德的交易对手之间划清界限。并不是所有遵循残酷谈判理论的人都是不道德的，但这可能会演变为一种"滑坡谬误"。有一种研究人员称之为"道德褪色"的过程。[3]"一个道德决策的伦理色彩会逐渐褪色……没有道德含义"，其核心是自我欺骗，或者说，本质上是我们为自己的行为撒谎，这样我们晚上就能睡得着。

许多人对任何能达到他们想要的结果的方法都会满意。"谁会在乎我是否被认为是一个不那么直率的人呢？"他们可能会这样想，"我得到了我想要的结果，以后也不会再见这个人了，反正我赢了！"这当然是斯泰西小组中许多人的观点。我们习惯于认为所有的谈判都是竞争，因此坦诚总是会对自己不利。事实上，在许多谈判课上，你的分数只取决于你的谈判结果。我认为这种谈判的观点是短视的，很多人都和我看法相同。

1873 年，安德鲁·卡内基遇到了麻烦。金融市场陷入了恐慌，为了兑现他的承诺，他需要套现一些他给 J. P. 摩根投资的资金。他向摩根要了 6 万美元，因为他的初始投资是 5 万美元，他估计其价值增加了1万美元。摩根本可以给他写一张6万美元的支票，这笔交易就结束了。但摩根知道实际上增值了2万美元，所以他开出了一张7万美元的支票。由于摩根的诚实正直，卡内基终生都对他很信任。[4]

一个愤世嫉俗的人可能会觉得这个故事很精巧。当然，他们可能会说，在1873年，名声很重要，但是，欢迎来到当下，在这里，精明的谈判者为了赢得胜利，必须冷酷无情。

对此，我并不同意。但我也相信每个人都必须建立自己的道德准则。有些关于伦理的问题很容易回答，例如，我永远不能接受在核心问题上对对方撒谎。但是也有很多灰色地带，关于诚实的问题出现的频率比你想象的要高。有些人认为善意的谎言没有坏处，所以他们认为一个小小的错误陈述没有问题。当你睡过头的时候，告诉谈判对象你迟到是因为交通堵塞，这并不会影响谈判的实质内容，没有伤害，没有犯规，对吧。在某些文化中，欺骗在谈判中被视为一种标准，所以即使是更实质性的谎言也不会被视为不道德。而对其他人来说，不存在可接受的不信任——谎言就是谎言，永远都是谎言。

我没有规定什么是谈判中的道德，因为那意味着我的判断是正确的。但事实并非如此。相反，我和我的学生一起，帮助他们理解自己的价值观，以及如何将这些信念带到他们的谈判中。对我们所有人来说，达成这一理解是一项持续终身的练习。

最关键的是，谈判者必须确定他们的行为是否会违反自己的道德准则。正如斯泰西所意识到的，一个一次性的良好结果不能以牺牲你的原则为代价。她必须思考，如果她的行为被《华尔街日报》头版报道了，她能接受吗？她还会觉得自己采取了正确的方法吗？更重要的是，她是否忠于自己？后悔是否会让她彻夜难眠？

即使某些谈判策略不会违背你的原则，也会有重要的战略原因来考虑你如何谈判的影响。首先，每个谈判者都应该考虑对方将如何应对任何所谓的不诚实行为。有些人认为，这是一场谈判，能预料对方总会有不诚实的地方。但如果你的谈判对象认为即使是小的误导都是不可原谅的，那么如果你的话误导了她，她就可能永远都不会再与你合作了。还有一些人的容忍度更低，他们认为不披露某些信息就等于说谎。有了这样广泛的认识，你就必须确保对你的谈判对象足够了解（记住第五章和第六章的内容），并且确保你的谈判方法是可以适时调整的。

诚实在谈判中也非常重要，因为它有助于你在整个过程中保持自己的信誉。通过一个简单的例子来说明你的最终"底线"，道德的细微差别就体现出来了。假设你想买一件纪念品，为了还价，你告诉卖家你最多只能支付 10 美元，如果卖家回答："这价格可不行，我不卖。"那么现在怎么办？你前面的虚假陈述困住了你。但你又不想走——实际上，你非常想买这个纪念品，现实是，你打算加价。因此，你告诉卖家："好吧，11.5 美元。"这样你就失去了自己的信誉，卖家现在知道你的真正底线不止于此，也不太可能相信你后面的话了。

大多数人听到这个例子时都会耸耸肩，认为这是一个无关痛痒的谈判,为一个小的度假纪念品讨价还价又不是什么生死攸关的大事。但是在谈判中,信誉至关重要,无论对方是否认同你对善意的谎言的定义,信誉都有可能被摧毁。如果你在一件小事上损害了你的信誉,你也可能会在今后的任何事情上损害它。如果你的谈判对手认为你不够直率,他会非常谨慎,如果他还愿意和你继续谈判,他会仔细审视所有未来可能的主张。

另一个避免说不完全是真话的简单策略性原因是,你不需要追踪可能有过的错误陈述。没有人愿意在谈判中花时间和精力去追踪那些善意的谎言,比如,你迟到的原因是什么,你的底价是多少。说实话,你不需要记住你说过什么、跟谁说过。

虽然我避免在谈判中评论别人的道德准则,但我确实对什么是公平和有效的行为有自己的看法。就我个人而言,我赞同已故的老乔恩·亨茨曼的观点,亨茨曼是白手起家的亿万富翁,他与人共同创立并经营着庞大的亨斯迈集团*。他在《胜者不欺》一书中写道:"财务结果永远不能成为不道德手段的正当理由。"他明白建立声誉需要数年时间,而摧毁它只需要几个小时。"一旦出现了不诚实,"他写道,"怀疑就会成为今后交易或社交的印记。"亨茨曼曾在尼克松时期的白宫工作,因此他目睹了不光彩的策略是如何导致领导人名誉扫地(并最终丢掉工作)的。亨茨曼还谈到了他的企业的道德立场如何一次又一次被证明卓有成效,并且实现了长期盈利。例如,亨斯迈化工公司在泰国与三菱公司合

---

* 亨斯迈集团由老乔恩·亨茨曼创立,其官方中文名为亨斯迈集团。——译者注

作，但是当亨茨曼得知他的公司打算行贿时，亨斯迈集团以300万美元的损失出售了其权益。亨茨曼是在坚持长期主义。他反思道："短期来看，道德决策可能会很麻烦，也无利可图。但当我们在泰国拒绝支付'费用'的行为广为人知后，我们在那里再也没有遇到过与贿赂相关的问题。"

亨茨曼完全承认——实际上是欣然赞同——竞争是创业精神的核心，而谈判往往是非常艰难的。但是欺骗和说谎远远超出了这个范畴。"如果欺骗和说谎这些不道德的本质并没有让你感到很困扰，"他写道，"想想这句话：它们最终会导致失败。"

相反，当你被认为是一个公平的人，是一个值得尊敬和信任的人，你就会得到回报。每到节假日，网络零售服装品牌skinnytees的琳达·施莱辛格-瓦格纳都会要求她的员工列出他们最喜欢的顾客名单。不是他们最大的客户，而是他们最喜欢合作的客户。这些客户可以在下一单享受七五折的优惠。圣诞老人说："我一直在看着，你做得不错。"

诚实和尊重会不断获得回报，当你把这些品质对外展示时，你就会获得回报。这不仅仅是谈话节目《超级灵魂周日》中会出现的剧情——尽管我很喜欢那个节目——它还具有很好的商业意义。在生意中，你并不是总能提供最好的价格或者最好的产品。但是你并不一定要这么做：你的价值主张可以仅仅是人们喜欢和你一起工作。正如传奇体育经纪人鲍勃·伍尔夫所说："想想看，为什么一些公司要花费数百万美元在公关和商誉广告上，以发展与公众的良好关系？因为它们想做生意，它们想创造一个良好的氛围，因为这么做管用。"[5]

主动共享信息

如果我们对自己的信息过于保护，并认为我们的唯一目标是坚持立场，那么我们是无法发现共同利益的。当人们把谈判视为一种残酷的竞争时，他们就倾向于把自己所有的信息隐藏起来，就像他们玩纸牌游戏那样，不想让对方知道自己的策略。我并不提倡分享你头脑中的每一个想法和数字，但是这种控制信息的做法是有问题的。它营造了一个充满敌意和偏执的环境，而不是一个开放的环境，这也是我不喜欢无声拍卖会的原因。交易是关于交流和人际联系的，而无声拍卖会取消了这些。如果你不开口说话，那么你所能做的就是把交流限制在金钱和价格上。没有中间地带，没有创造性思维的空间。它只有两个方向：多或少，上升或下降。这种拍卖会杜绝了创新和协作，过程也许非常高效，但是它很难产生最大化的、长期的价值。

类似的困境也适用于通过电子邮件进行谈判，这是我们大多数人一直在做的事情。随着经济全球化，我们经常会与千里之外的人进行谈判，充分利用技术是合理的，但我也强烈地感觉到，如果你必须通过电子邮件进行谈判，那么你最好能和对方先面对面地见一次，进行交流，分享信息，了解对方。如果办不到，那么试试 Skype（即时通信软件）或者其他可以让你们在分享信息的时候看到对方的方法。如果要在发邮件和发短信之间做选择，那么就选择发邮件吧。短信在传播过程中会丢失更多的信息，人与人之间的沟通越少，误会的大门就敞开得越大。

尽可能多地收集信息，并始终假定信息是充足的，这为你设定了坦率和公开的基调。你可以更多地了解对方的诉求，这会让你在谈判中有更多的选择。不过，你不会想把所有的事都说出来，所以要考虑清楚你愿意与对方分享什么、不愿意与对方分享什么。

在谈判前，先考虑清楚你都掌握了哪些信息，然后问问自己："如果我与对方分享这些信息会怎样？这些信息是能帮我还是会害我？"多数情况下，人们倾向于隐瞒一些信息，这样即使发生了信息泄露，也不会对他们造成伤害，实际上还能给他们带来利益。他们只是从有限的视角来思考问题，认为掌握信息即拥有权力，或者说他们分享出来的信息会被利用而反过来对付他们。

2000年，当时的厄休拉·伯恩斯还不是施乐公司的CEO（首席执行官），但是她在扭转这家公司困境的过程中起到了至关重要的作用。在这个数字时代，一家以生产和维护复印、打印设备而闻名的公司可能已经过时了，厄休拉和施乐公司后来的CEO安妮·马尔卡希面临着一项繁重的任务。她们需要外包生产以降低成本，但为了做到这一点，厄休拉需要施乐工会的支持。这不是一场容易的谈判，因为外包意味着大量裁员。厄休拉选择以坦诚的方式与拥有4 000名成员的工会谈判，厄休拉告诉《快公司》："我尽可能详细地告诉他们正在发生什么。"而安妮·马尔卡希说:"她确实说服了工会,公司已经走投无路,要么裁员,要么破产,对任何人而言,这都是关乎生存的一战,没有别的办法。"[6] 厄休拉把她掌握的信息都考虑了一遍,她知道公布这些信息并不会伤害她,并且还能为她赢得理解。

再看一个例子,这次是一家铁路公司与乘客谈判,铁路公司希望乘客能帮忙保持列车的清洁。列车洗手间的标牌上写着:"我们知道您对洗手间的卫生并不满意,我们正在寻找解决方案,并采取了一些过渡性措施,比如在各个站点增加工作人员来进行清扫。与此同时,我们希望您能协助我们,为下一位客人保持洗手间的洁净。"我被这个标牌上的文字打动了,因为它是如此真诚。如果是以"伊丽莎白圈"的视角来看,那会是:"这里一切都好!乘客喜欢我们,甚至喜欢我们的洗手间!"但事实并非如此。乘客们并不高兴,铁路公司知道,乘客们也知道。隐藏这些信息又有什么意义呢?相反,为什么不直面现实来加强乘客与铁路公司的联系呢?

我总是鼓励大家主动分享市场信息和客观数据,例如凯利蓝皮书(Kelley Bule Book,汽车评价公司)和多重上市服务系统(Multiple Listing Service,上市房地产综合信息服务网)上的信息。这是人们在开始谈判或者确定谈判可以结束之前就能找到的信息。如果你忽略了分享这些信息,或者做出更糟的事——撒谎,他们会意识到你这个人并不坦诚,或者觉得你并不专业。这对他们再次与你谈判或对你的长期声誉来说,可不是一件好事。从短期来看,这会让你显得消息不灵通甚至有些难堪,让你更难引导对话的方向。相反，通过分享这些数据，你表明了你愿意与他们交流，并将谈判视为需要解决的问题。你是在鼓励他们放下自己的"伊丽莎白圈"，开诚布公地进行交流。这是有效的，相关研究人员发现：当别人透露出敏感信息时，人们会更愿意分享。[7]

如果没有其他的事情，你需要花时间去知会你的对手，这样你们之间的交流才会更有见地，而一个有见地的对手比一个没有见地的对手要有趣多了。CarMax（美国最大的二手车零售商）公司就是采用了这一理念，将自己打造为一家《财富》500强企业。它涉及的是二手车销售领域——一个特别需要密切跟踪关键信息的领域——并理性地表示："我们希望你——消费者，完全知情，我们希望一切完全透明。"如果你没有提前做功课，CarMax 的计算机能很容易地帮助你进行信息收集。CarMax 想要消费者有一定的了解（充分做过功课），相信这样可以节省时间，并鼓励每个人的善意。CarMax 认识到，随着信息的广泛传播和接收，成为一个有所了解的消费者并不难——了解的程度取决于消费者。

如果有些信息你不想分享，而对方又问了你，那么请仔细想想你该如何转移他的注意力。例如，如果有人问："你的底价是多少？"你可以说："我最多出……"正如我刚才提到的，这与给出你的底价根本不一样。研究表明，如果某人回避得很巧妙，听者甚至不会注意到他转移了问题。[8] 对每个人来说，回避不想回答的问题都不是一件容易的事情——这是一种可以学习的技能。看看早间新闻节目中那些接受采访的政客，就知道他们是如何做到的了。有些人可以如此明目张胆地坚持他们自己的要点来回避问题，以至于你都会奇怪为什么会有提问者——这些政客只是在做巡回演讲罢了。另一些人则巧妙地给出了一些看似明确的答案，你可能要看上两三遍才能意识到他们实际上根本没有回答这个问题。杰克·塔珀就因为不让唐纳德·特朗普转移话题而出名。"太棒了，"塔珀会对没有回答的人说，"但是你能回答一下问题吗？"如果这种糟糕的情况发生了，而你正在和不沿着你的谈话方向前行的杰克·塔珀聊天，你可以说："我还没为回答这个问题做好准备。我们能讨论一下别的问题吗？这个问题我想再考虑一下。"找到对你有效的方法——没有哪种方法在隐瞒关键信息时是绝对有效的。

当涉及信息共享时，我建议，至少在一开始，提供更多的信息而不是只顾自己舒服。通过矫正那些最初自然的、保护性的倾向，你会到达一个你觉得更舒服的状态，会感觉对过程的控制更强。少一些恐惧会帮助你更理性地思考什么该分享，什么不该分享。

无所畏惧的底气

当我重新与我以前的学生联系的时候，我最常听到的说法是，如果他们变得很有钱，这将给予他们最大的优势，因为这可以让他们摆脱糟糕的交易、糟糕的客户，甚至是糟糕的关系。正如本杰明·富兰克林所说："必需之物从来不可讨价还价。"

以网络零售服装品牌 skinnytees 的创始人琳达·施莱辛格-瓦格纳为例。对她早期的成功至关重要的事是 QVC（电视与网络百货零售商）采购了她的产品，并且还卖得不错。在与 QVC 合作的 5 年里，琳达与 3 个不同的买家合作过，而且通常与他们都签过类似的合同。然后，一个新的买家出现了，我叫她斯特凡妮，她急于成名，一加入进来就改变了原先约定的规则。她向琳达提供了一种合作框架和收益率指标，这一指标会让 skinnytees 承担过多的风险，这样一来，skinnytees 很有可能在这笔交易中赔钱。琳达试图和新买家解决这个问题，她解释了自己的困境，而且其他买家也都愿意和 skinnytees 合作，并采用一个对所有人都适用的协议。但这位买家并不买账，她不愿意谈判。

因此，琳达不得不做出一个决定：继续与 QVC 这个占据了 skinnytees 大部分销售额的庞然大物合作，但是亏损的可能性有多大呢？或者开拓一下其他领域的业务？正如琳达解释的那样："我们爱你，但很遗憾我们不得不分开，你的客户也会因此而沮丧。"她离开了。"这对我们来说，是游戏规则的改变。我简直不敢相信。我们都很紧张，但它让我们在很多方面成长了。现在，我不再依赖于任何单一买家。我们有了很多不同的做生意的方式。在过去，我会简单地想，让我们达成这笔交易吧。但我对我的行业很有信心，我敢于放弃一些生意，我也这么做了。现在 QVC 回来重新和我们谈判了。"

琳达也不得不离开迪拉德百货公司，这是另一家她很乐于合作的公司。当琳达看到迪拉德百货把自己的产品放在内衣专区，挂着"内衣和内裤"的标牌时，skinnytees的产品已经遍布迪拉德开设在全国的47家门店了。她实在是不喜欢这样，这就表明skinnytees是一个低端品牌。"我见了迪拉德的一位主管，我说：'这看起来太糟糕了，我们该怎么办？'她让我去申请自己的品牌专区，但迪拉德拒绝了。与迪拉德合作是一件好事，但我们不得不离开——这样的展示对我们的品牌形象不好。"琳达解除了合作关系，这让她在几年后带着一个对每个人都有意义的产品展示的新想法回来了。

达娜·西科和她的果汁公司贡达洛也有类似的经历。每家果汁公司都努力地降低成本，以讨食品商店的欢心。有一段时间达娜也是这么做的。"后来我意识到，我为什么要讨好这些也不是很好合作的食品商店呢？"她说，有那么一刻，她感到自己被完全赋权，她意识到自己应该朝着对她有积极意义的方向前进。"做自己有什么好抱歉的，所以我想，我们要把产品卖给精品酒店和高端餐厅。"贡达洛今年将实现盈利，这对果汁行业来说，是一个了不起的成就。"有关生意的一切我们都可以协商解决，"她说，"我们会找到优秀的人，和他们谈判。"

杰西卡·约翰逊掌管着家族的私人安保业务，最近她陷入了困境，因为她面临着要失去公司最大的订单的麻烦。"当我知道这笔订单要丢了时，我做的第一件事就是打电话给我的银行经理。我说：'我们计划的所有业务都不会实现了。'"不出所料，银行方面说他们需要一个方案，让他们知道后面将会发生什么事情。"我用笔在纸上写着，"她说，这让她在得到这个坏消息之后还保持了一种富足的心态，"假设我们少了 20 个人，我们还有 100 个人，我在计算的时候，想起在美国有 8 000 多家安保公司，其中的 95% 年收入少于 500 万美元。"（约翰逊安保公司是排名前 5% 的公司之一。）她也认识到，只有不到 13% 的女性拥有的企业能带来超过 100 万美元的收入（她就是这 13% 中的一员）。"当我意识到这一点时，"她说，"我发现自己是一只独角兽，即便我搁置所有的生意，我依然还在那个位置上。"杰西卡的这种富足心态让她充满自信地回到银行，并且以同样的自信去继续开拓新的潜在业务。

这样的谈判几乎完全可以在内心进行。安娜就在自己的脑海中进行过这样的谈判。安娜正在考虑辞去她在营销部门的工作。她已经 3 年没有加薪了，而且据她的老板说，也没有给她加薪的打算。她考虑成为自由职业者，但是有很多合理的担心阻止她做出改变。比如，她的收入会没有保障，她可能很难找到客户，她将需要自己买健康保险。所有这些担心都让她无法反抗自己的老板，因为她觉得自己没有优势，所以无法辞职。

当她以一种富足的心态在内心和自己进行谈判的时候，她意识到自己其实有能力辞职。她有很多人可以继续联系，她也不需要那么多的客户，因为她为自己工作的时薪要比她作为员工的时薪高。还有一些其他的理由让她对成为自由职业者充满信心：她的工作比一些同事做得好，而且与众不同，她可以去开拓不同类型的客户，做一些报酬更高但她的公司却做不到的事情，她还可以在工作流程僵化的情况下做一些灵活机动的工作。最后，她辞职了。结果是，虽然不是完全如她所想，但她还是有足够的工作可以做。

认识我的人都不会把我形容为乐观主义的源泉，但是我从理智的层面上认识到，当我们相信可能性，相信我们所拥有的富足时，我们就会得到回报。这是我们与他人谈判时的真实情况，这也是一种"放之四海而皆准"的方法。我相信是对富足的假设让我们超越了说"是的"。

几年之前，我在美国国际开发署（USAID）有一份很好的工作。按照惯例，该组织会在9月的联合国大会上举办一两次大型活动。在担任体育发展高级顾问后不久，我参加了一个会议，我们讨论了要组织一个什么样的大型活动。我对此知之甚少，但我当时提议举办一场体育比赛。"我们可以把所有的大咖都请来，"我说，"这会令人非常兴奋，也是提升我们的平台，并以不同方式接触更广泛的人群的好方法。"不到一周，我的提议就被采纳了。

我没有意识到的是，举办如此重大的活动是一项非常浩大的工程，而我们只有一个月的时间，要确认邀请嘉宾，发送请柬，确认细节，解决后勤保障问题——这场活动将在纽约举行，但我们是从华盛顿开始策划的。这一个月令人疲惫又振奋。最后，与会者对我们的工作赞不绝口。

我在美国国际开发署工作的时间越长，就越意识到当时举办的体育赛事是多么大的成就。我不害怕，因为我不知道我应该害怕什么。我不知道官僚主义的存在，所以我也没有担心过它会阻止我的远大构想的实现。多年后，随着我在这里的官僚主义中越陷越深，我也越来越难以像当初建议举办体育比赛那样展开我的思考。直到今天，当我意识到我是在用一种稀缺性的思维模式时，我就会努力回想我任职之初的心态，以重新找回我曾经的样子。我一直想成为那样的人——一个不对自己设限的人，一个善于思考的人。为什么不呢？

当我发现自己在想什么事完成不了时——无论是找到一家价格合理的酒店，还是在最后期限前完成工作——我常常会想起那个在陪审团桌旁工作的女人，我想象着她冷漠地耸耸肩，对她来说，说"不"是多么容易的事情。她帮了我一个忙，真的。（好吧，也许我不会走那么远。）我有一个我不想成为，也不想去思考的形象，一个无论我是在和自己还是在和别人谈判时都不想去表现出来的形象。我只需要摘下我的眼罩，全神贯注于什么是可能的。

第九章

内在力量

在电影《永不妥协》中，朱莉娅·罗伯茨扮演了一个名叫布罗克维奇的没有法律学位的单身母亲，她和她的老板（一名律师）一起追查太平洋煤气电力公司的水污染事件，这起事件毒害了当地居民。当三位衣着光鲜的太平洋煤气电力公司的代表律师来到她的小公司与她的老板会面时，布罗克维奇叫来了两名同事旁听会议，所以会议现场是四对三。两位同事什么也不说，什么也不做，他们也不需要做什么，因为他们的目的就是要表明，即使是小公司，也不会在数量上示弱或被恐吓到。

大多数人认为影响力与金钱和你所拥有的资源数量有关，但正如这个场景所表明的，影响力只和感知有关，关键在于你如何让自己坐到谈判桌前。如果你相信自己的力量，你就能将其充分展示出来。因此，我认为第九章是第一章的反转。在第一章中，我写到了我们自己讲那些暴露我们弱点的故事会如何伤害我们自己。而在这一章中，我要写相反的现象——当我们真正了解自己的力量时，我们如何拥有影响力。

萨拉·法尔扎姆——双语鸟公司的创始人，一个伊朗人、墨西哥人和犹太人，在第一章，她说谈判令人生畏。不仅因为她是一个少数族裔女性，还因为她比许多有生意往来的人都年轻得多。直到她意识到自己真正的力量，她才知道自己的优势所在。她说："当我和一个可能比我年长的白人男性谈判时，就算他代表了大约10所幼儿园，我也不会像以前那样不知所措，不会避而不谈钱。"相反，她关注的是如何将谈判融入自己的血液中，她是看着父亲在连锁药店来德爱买洗漱用品时讨价还价长大的，她来自一个富裕的伊朗商人家庭，这可以追溯到文明之初。"我应该利用好这一切。"她说。她还有一种"超能力"，就是她几乎可以与任何人建立联系，这在很大程度上是因为她的多元文化背景。现在在谈判时，她会告诉自己："尽管我是墨西哥人、伊朗人，还是一个女人，但是我拥有的不比你少……可能还更多。"

玛丽·埃伦·斯莱特的世界观也经历了同样的变化。她的小型内容营销公司的客户是一些世界一流企业。"对我来说，很自然的感觉是，他们拥有所有的能量，而我没有，对吧？"她说。这种心态会让他们掠夺她的利润，并最终扼杀她的生意。但后来她意识到了问题所在。"如果他们不需要我，就不会给我打电话，虽然我们的公司规模差距很大，但这并不意味着我一无所有，实际上我拥有很大的能量。"

玛丽·埃伦·斯莱特的公司有大量的文案写作工作，众所周知，这类工作的薪水很低。她说，她有时会遇到一些人，他们觉得写作者是微不足道的，于是她就在脑子里形成了一种微妙的感觉，觉得自己能成为一个高薪写作者真是太幸运了。"但我不是写作者，"她说，"实际上，我是一个商业战略家，用内容来解决商业问题。"

无论何时，只要她坐下来和客户交谈，她的能量就显现出来了——如果没有，她会让自己做到。在最近一次与一家承办活动的跨国公司的合同谈判中，她直率地说，除了她以外，只有两个人能做类似的工作。"他们都是我的竞争对手，"她说，"他们都很能干，如果你觉得他们更符合你的需求，我这儿有他们的电话，他们俩我都认识。"自从她的观念发生巨大变化后，她的收入增加了40%。"我清楚自己的定位，我能替代谁，不能替代谁。"她说，观念的进步让一切都不同了。

在这一章里，我将重点介绍人们理解自己的力量和主张自己的优势的许多不同方式。能量远非一刀切那么简单，它对每个人来说都是独一无二的，需要自我意识来识别。许多神话和史诗故事——从《黑豹》到《神奇女侠》，再到《饥饿游戏》——都是利用主人公追求力量的这种紧张感作为驱动力的。找到属于自己的能量，就是他们成为英雄的旅程。

将差异转化为优势

萨莉·克劳切克的履历相当惊艳。她执掌过美邦银行、美林财富管理、美国信托和花旗私人银行，并曾担任花旗集团的首席财务官。在男性占主导地位的华尔街，她是为数不多的女性之一。正如她所看到的，也正如她在《勇气》一书中所说的那样，她的成功并非和她的性别无关，而正是大多数女性都有的特质成了她的力量。

克劳切克认为，女性有独特的优势。不过，她很快又指出，男性亦如此。事实上，她的观点并不是抨击男性，而是倡导多元化。但她表示，女性往往更厌恶风险，而谨慎地规避风险有助于公司做大做强，做出更有利的决策。女性善于处理复杂问题。她们更注重人际关系，想得更长远。她们重视学习的心态，以及工作的意义。每一项特别"女性"的技能都会让克劳切克更擅长自己所做的事情。例如，在她当研究分析师的早期职业生涯中，她对风险的看法让她在一份报告中指出了次级贷款的问题，她给这份报告起了个标题——《哇，内莉！》。这不是在2008年，而是在1994年，她敢于写这份报告，无异于是在扼杀自己的职业生涯。尽管导致2008年金融危机的原因有很多，但克劳切克认为，行业内缺乏像她这样的不同声音是一个关键原因。她说："华尔街的大多数决策者，在一起工作多年，他们上同一所大学，送孩子去同一所学校，参加相同的培训项目，在同一家餐厅吃饭，一起升职、一起度假、一起打网球、一起喝酒、一起参加慈善委员会。"[1] 她就不一样了，女性站位规避风险的方式，使她与众不同。

克劳切克相信，她对人际关系的关注使她更善于开口要钱，因为她能从各个方面看到更全面的图景——这是本书第五章提到的一个关键点。当她在研究公司桑德福·伯恩斯坦担任CEO的时候，她对人际关系的关注也让她认识到，这家公司不能可靠地为客户服务，因为它有两类客户——投资客户和企业客户——客户之间的利益存在内部冲突。尽管这个行业的大多数调查部门都为这两方提供了建议，但她还是建议退出投资银行业务，这样他们才能真正地为投资客户做好服务。在互联网泡沫破裂时，大多数竞争对手都被处以数亿美元的监管罚款，相反，克劳切克上了《财富》杂志的封面，标题是《最后一位诚实的分析师》。

她对人际关系的关注也让她付出了高昂的代价。桑德福·伯恩斯坦公司经历了多年的亏损，才表明她的决策是明智的。在花旗集团任职期间，由于花旗集团错误地估算了一组投资的风险，她极力坚持要补偿客户的部分投资损失，结果是，她被解雇了。"我一门心思，完全沉浸于思考如何补偿对我们失望的客户，"她谈到那段时间时说，"那些与我们建立关系的客户，他们相信我们能为他们做出正确的投资决策。而当我无法再替他们考虑的时候，我认为这样会给我们的生意造成长期的损害，我们动摇了那些客户对我们的信心，那么为什么他们还要把自己辛苦赚来的钱投资给我们呢？" [2]

不过克劳切克对长期效益的优先考虑，也让她上升到了一个更好的平台。作为女性数字投资平台 Ellevest 的创始人，这一切让她感到充实且充满成就感。虽然她被解雇了，但她曾经的资源还能为她所用。"我因为与众不同而被解雇，因为我挑战了主流的意见，将长期利益放在优先考虑的位置，也将客户关系置于短期底线之上。"

女性是与众不同的,她说:"这就是我们在现代职场中最大的力量和竞争优势……我们女性应该为自己所带来和展现的所有令人惊叹的独特品质喝彩,而不是道歉,我们应该让自己在工作中表现出真实的自我。"

当我们利用自己与众不同的潜力时,我们的故事就是关于力量的故事,而非关于贫乏的故事。施乐前CEO厄休拉·伯恩斯是出生于一个贫穷的非裔美国家庭的女性。有人说这个出身就意味着她已经三振出局了。但正如她在接受《时代》杂志采访时所说:"我是一名数学和科学领域的工程师,而这两个领域都是由男性主导的。而且,大部分都是白人男性,但同样,与众不同是一件好事。性别和种族应该成为你的优势,它们是一种积极的因素。你可以表现得和他们一样好——甚至更好——然后你就会被注意到。你要让别人持续地关注你,不要屈服于许许多多的阻碍,你可以将它们转化为自己的优势。"[3]

充分利用自身力量

在我的部分课堂上,我会做一个很受学生欢迎的练习。我给每个学生一枚回形针,他们必须在几个小时内拿它与别人交换物件。为了激励他们,我给他们看了一个名叫凯尔·麦克唐纳的加拿大人的新闻,他用一枚回形针交换到了一所房子。[4]当我告诉他们以前的学生换回来哪些东西,比如迷你冰箱、打印机和一支长号时,他们都不相信这是真的。然后我让他们自由活动两个小时，鼓励他们在校园里逛逛，用适合自己的方式进行谈判。

我的学生迪伦·赖姆思考了凯尔·麦克唐纳是如何取得成功的。麦克唐纳不仅仅是交换了一枚回形针——当他换回一辆雪地摩托车时，他就已经成了一个轰动一时的新闻人物，因此很多人都想成为这场狂欢的一部分。这不再只是关于一个物品，而是成了一个故事。迪伦觉得他也可以这么做。他来自一个戏剧家庭，喜欢装扮和精心制作万圣节的装备。他在校报工作，所以习惯于组织语言叙述。迪伦可以在一个故事中扮演一个角色，他也欢迎人们成为故事的一部分。

他创建了一个脸书的页面，穿着一件亮片夹克，并在校园中央设立了一个交易站，脸书的页面也会引导人们去那里。他用自己公寓里现有的材料做了一个标识牌，但仅此而已。

"我开始接触一些素未谋面的人，他们只是想进这个页面看看。"迪伦说，"这正是我想要的，我玩得很开心，而我从中获得的乐趣使我能够做得更好。如果我直接打电话给我的朋友，问他们'我们能进行一笔交易吗'，我不觉得这样也能有效。我不想让自己感觉是在欺骗别人与我合作。其他人也可以通过这个交换有所收获，他们与我可以平等相待，我给了他们一些东西——他们成了这个故事的一部分。"

在这个活动中，迪伦成功了。最终他交换到了一个威士忌酒杯，上面用激光刻了山脉的图案。迪伦的成功，在很大程度上是因为他知道自己的力量——他可以营造戏剧性，让人们觉得自己就是故事的一部分，他充分利用了自己的力量。他并不是无缘无故地要求什么，他只是邀请大家参与这个有趣又古怪的故事，成为其中的一部分。他充分利用了自己能提供的有价值的东西。

发挥个人优势

我的学生布拉德利在新奥尔良拥有并经营着一个活动场所。有一天课后他来找我，说他不愿意打破自己公司所使用的固定定价结构。他的销售周期快速又短暂，而且非常有效——顾客可以很清晰地看到服务菜单并从中选择。砰，砰，完成。他认为我强调的信息交流，强调的对客户的同理心，并不适用于他的公司。

"我可不这么看。"我说。布拉德利有很大的潜力。他这个人的人缘好到让人难以置信——这是显而易见的。同学们都很喜欢他，而且每次他在讨价还价时都能得到很多信息。他知道自己擅长信息交流，但他不知道这种能力可以帮助他做生意。我鼓励他提前花更多时间去了解他的客户，这样他就可以更有效地区分他们的需求和兴趣。我告诉他暂且搁置他那一刀切的方案，带着好奇心去接近每一个客户，像一个问题解决者和有远见的人一样。布拉德利还是有所顾忌，所以我问他这样做会失去什么。与班里的很多同学一样，他工作非常忙碌，没有时间陪伴家人，总是感觉筋疲力尽，就像一直在原地奔跑一样。此外，如果布拉德利不能扩大他的业务，下一波市场低迷到来时他将陷入困境。因此，他同意按我说的试一试。

在我们的课后讨论之后，布拉德利接到了一个潜在客户的电话，他想为自己的女儿举办一场犹太教成人礼。布拉德利邀请他参观自己的活动空间，并决定花更多时间来深入了解他们。他像往常一样问了很多关于派对的问题，但是他放慢速度更细致地去努力了解他的客户。这对父母都是医生，工作很辛苦，父亲来自佛罗里达州，母亲是德国人。"这就很简单有趣了。"布拉德利谈到了更多有关这个家庭的故事。这场为他们的女儿举办的成人礼是以好莱坞为主题风格的，而这个小姑娘正好和布拉德利的儿子是同学。布拉德利还了解到，这家人还在他的活动空间参加过其他酒会和犹太教成人礼活动，因为他的活动空间离他们的会堂非常近，很方便。布拉德利知道这个事实，但之前他并没有觉得这会带来巨大的利益。

孩子的母亲说，女儿对她的成人礼有很高的期待，但父母都忙于出差，如果没有布拉德利，他们是无法完成女儿梦想中的一切的。"这就变得更加有趣且有意义了，"布拉德利后来跟我说，"在我内心深处，我喜欢帮助别人，我喜欢很酷的新事物。我将全力以赴，让人们感受到令人惊叹的独特体验。"这就是他的力量。他还说："人们会喜欢这样的结果的，他们会充满感激。但问题在于，我并不总能意识到我自己、我的时间、我的创作是有价值的。"

保持好奇心让布拉德利与他人的互动更加人性化，而不是仅仅把这一切当成一笔交易。通过这个过程，他意识到他们是向着同一个目标努力的搭档。到了成本估算的时候，他给了一个比原计划要高得多的报价，他说服自己不要怀疑或者"预感他们会反对",而是专注于真正需要多少成本才能举办一场满足客户要求的、所有细节都到位的高质量活动。

布拉德利本来可以举办一场为大众所接受的成人礼,然后从中赚点小钱。但是,他创作了一部独一无二的作品,主角是一位精力旺盛的姑娘,她对好莱坞的热爱被转化为一种定制体验,供她的家人和朋友分享。"当我给出报价时,"布拉德利说,"孩子的母亲当场就决定预约了,这让我明白他们有足够的预算让我去创造这个伟大的主题,而动力不仅仅是钱,这一点让我很满足。"省钱并不是客户的关注点——让他们的女儿开心才是。由于他们自己没有时间,所以不难做出外包和预订服务的决定。布拉德利的要求并不出格,他没有超乎想象的贪心,而是相当合理。并且,他终于确定了自己的服务和技能是有价值的。

布拉德利的影响力从那时开始增加。他开始参加塞思·戈丁的营销研讨会,该研讨会强调同理心的意义,而他也加倍强调公司对这方面的关注。"我开始注意到,新娘们常常在半夜两三点给我发电子邮件,要求看看场地。显然,那时我不会起床带她们去看,但我开始更深入地思考她们为什么会在半夜两点思考这个问题、她们想知道什么,以及我该怎样才能帮助她们。"他想让整个过程对她们来说轻松一点,因此他决定投资一个带有音频的虚拟游览项目,这样新郎和新娘可以在任何他们合适的时间查看,尤其是在紧张或者失眠的时候。

"有些人在处理业务的时候可能会想:'我怎么能让这件事变得更容易一些呢?'同时还要避开难缠的客户。"布拉德利说,

"但我不这么想，让客户更加轻松是我的魔法，这也是我的公司与众不同的地方。我喜欢迎难而上，这样我就可以证明自己比竞争对手更强。"这种态度很有效，去年他公司的预订量达到历史新高，而在接下来的一年，他预计业务预订量将增加35%。

真实性就是超能力

当塞巴斯蒂安·杰克逊（我在第二章介绍过）最终说服韦恩州立大学让他在校园里开一家理发店时（经过三次尝试），他的心情主要是感激。在他看来，他是一个理发师，想开一家理发店，他很高兴终于有这个机会了。

一开始，他的商业计划中包括邀请有趣的演讲者来活跃气氛，并在光顾这家理发店的社区之间建立联系。

他的一个朋友评论说："这是一家黑人理发店。"塞巴斯蒂安说不是，但他的朋友坚持说是。"我觉得这是在贬低我们的文化，"塞巴斯蒂安说，这让他想到把非裔美国人理发店看作社区八卦聚集地的刻板印象，"我想提升理发店的档次。"

塞巴斯蒂安避开了刻板印象，而是把注意力集中在走进门来的各种各样的人身上，给他们剪各式各样的发型。在经营到第二年或者第三年时，塞巴斯蒂安明白了他所带来的价值。"我几乎不遵循已经建立起来的理发店文化，"他说，"随着我们的发展，我们把有趣的人吸引到了韦恩州立大学，人们可以认识那些来我的理发店的有趣的人。"他意识到，他的店其实是一个社交俱乐部，在振兴底特律方面发挥了真正的作用。"我意识到我有自己的价值——我是一个黑人，而在这个城市，85%的人都是黑人。"虽然这个社交俱乐部欢迎所有人光临，但是他意识到，"这是一家黑人理发店，因为它是由一个黑人经营的"。

在寻求发展和扩张的时候，他对未来的展望给了他很大的影响力。"（在底特律）积极向上的人都希望具有包容性。我来自弗林特，在底特律长大，我知道他们需要它，需要社交俱乐部。"他曾经害怕接受的东西，也就是他能够提供给客户的真实体验，现在成了他最大的筹码。

我见过许多像塞巴斯蒂安这样的人，他们一直在与自己的一部分做斗争，他们习惯性地以为这是自己的弱点，但实际上这是一种优势。关于"理发店"的种族包袱就是一个例子，另一个例子是内向的性格。

苏珊·凯恩和我一样性格内向，曾在一家律师事务所工作——信不信由你——在从事写作和演讲之前她曾是一名谈判顾问。她注意到，内向的人经常被告知要走出去，要和人多接触，要社交。实际上，就是要去做他们不喜欢做的事情。她在 TED（非营利机构）所做的关于这个主题的演讲和她的书《安静：内向性格的竞争力》引发了轰动效应。事实上，我们中的很多人并不认为内向是一种超级力量，但我们又非常希望它是，事实上它就应该是。内向的人会注意他人，他们很细心，他们是优秀的倾听者，并且会深入思考。所有这些内向的特质在谈判中都是优势。

情绪化也是如此。当朱莉娅报名参加我的谈判课时，她确信这将是一场斗争。在回到沃顿商学院之前，她曾是咨询师，从她的导师和自己的工作经验来看，她确信，真情流露和表露脆弱是软弱的信号。在朱莉娅看来，问题在于她天生就是一个富有同理心，且情绪外放的人。她觉得在我的课堂上，她必须把自己的这些个性都掩藏起来。

确实，在第一天，她掩藏得不错。没有什么开场白，我就让大家去参加模拟谈判，然后当他们回来的时候，我已经把结果放在了大家面前。朱莉娅做得不太好。"我碰到的对手骗了我，"她回忆说，"每个人都想赢——每个人都是这么看待谈判的。我记得当我回到教室的时候，我很尴尬，心想，我该怎么上完这门课啊？我太善良，太容易上当了。"

然而，不久，我向全班同学介绍了布琳·布朗的书《无所畏惧》，这本书关注的是脆弱的力量。我把它与谈判联系起来，敞开心扉，告诉别人你在谈判中的真实感受，是强大力量的来源之一。"这让我产生了共鸣，"朱莉娅说，"脆弱也可以是强大的。因为脆弱与关系相关，而关系是谈判的重点。"

朱莉娅从把谈判视为一种孤立的、可怕的活动，转变为明白了谈判关乎情商，要对自己和他人敞开心扉，告诉他们你想要什么以及为什么。现在，她还是决定做自己，因为她意识到这是她最大的力量来源。这并不是说她就要对人掏心掏肺。说话很重要，并且她对与他人分享什么以及如何分享有自己的考虑。但是她更有可能会坦率地说出自己的难处。现在她已经回到了顾问的工作岗位，她说："我现在明白了，把项目卖给顾客就是一种谈判。我们规划好工作帮助他们，然后我们要与他们合作，共同确定什么是重要的事情，应该如何调整我们的重点，以及我们的团队如何才能竭尽所能帮助他们。重点是要找到他们真正需要的东西，而这并不总是意味着我们要为他们做更多。我们不怕告诉他们，他们要求我们协助的事情不在我们的专业领域内，或者并不是他们资金的最佳用途。在这个过程中，保持开放，不怕袒露自己的脆弱和更多的沟通能帮助我们完成我们最适合的工作，也能帮助他们做明智的投资。在进行这些对话的过程中我不会感到有压力，我们试图理解他们的需求，他们也在理解我们的需求，这有什么可担心的？"

达娜·西科是果汁公司贡达洛的创始人，她和朱莉娅有很多相似之处，包括害怕的东西。"我进入了商业思维，我是在一个已经饱和的领域工作的女性，每次我和别人说话，都会被反驳。"后来，在课堂上，我们讨论了同理心的力量，这足以使人成为一个了不起的谈判者。"这恰好就在我和我的治疗师讨论我怎么有这么丰富的同理心的一周后，"达娜说，"有些东西我从未想过会成为我的优势，但有人告诉我这就是我的优势。我有高情商，这是我的本性。当我意识到这是我的超能力时，我信心百倍。"

温迪·舍曼写道，在她与伊朗就核问题进行谈判时，转折点就出现在沮丧的泪水从她的脸颊滑落时。[5] 据她回忆，谈判对象被她的情绪化惊呆了，因为"他们从未见过这样一个哭泣的、袒露内心的温迪"，这并不是说那一刻就改变了他们纠结了几个月，甚至几年的问题。"但是在我袒露真实的沮丧心情时，"温迪写道，"那一刻的真实感有所突破……事实上，当我们做自己的时候，我们就是最强大的自己，哪怕这意味着泪流不停。"

经验很重要

格伦·卡特罗纳是一名有30年从业经历的建筑师。他非常擅长制图。尽管如此，在与潜在客户见面时，他还是会花很多时间来介绍自己的职业经历，这样他们就会知道他是能胜任这份工作的。过去他常常在报价上花费大量时间，因为他担心报价太高会失去客户。作为一个好胜的人，他非常渴望击败其他竞标对手。

格伦让他的竞争对手和市场来定义自己的价值，这是错误的。格伦必须认识到他的力量来自他自己的经验。拥有了30年的从业经历后，他比大多数人都知道如何才能把工作做好。"一个项目需要一定的服务标准，"他解释说，"公众并不知道这个服务标准要达到什么程度，他们不知道该要求什么。"

他遭到了潜在客户的反驳，他们会说："好吧，可是另一位建筑师的价格比你低1/3。"在过去，这也许会激发格伦的竞争天性，但现在不会了。他只是解释说，按照他的工作标准，这个报价接受不了，他还解释了高质量地完成这项工作需要做些什么。"我仍然想赢，但要对每个人都有好处，包括我自己。我确信，在我的清单上列出的服务是得到一个好的最终产品所必需的。"

他说,他不会让别人给他定价,"如果你主动打电话给我,我也不会让步。"

格伦不再花时间向客户介绍他的资历,而是向他们提问。"如果你对自己的专业能力有信心,"他说,"你不需要向别人介绍这些。"他比过去更加自信了,因为他依靠经验的力量,也让自己拥有了所需的影响力。

"结果很好,"格伦说,"我的公司现在做得比以前好多了,我不知道我是否比别人做了更多的工作,但我的定价策略是正确的。我们能为客户提供服务,过去我们的最终结果一直都很好,但现在更好。"

机会总是留给有准备的人

埃伦·哈里斯与他的妻子让妮娜、女儿梅利莎经营着一家婚纱精品店,但他本质上是一个数据专家。梅利莎对时尚很有眼光,而埃伦则建立并实施了一个库存系统,让销售人员不仅能记录已出售的礼服,还能记录试穿过的礼服。

有一天,一个销售代表来拜访他们,这个销售代表来自他们业务往来最多的生产线,并且他们还有独家销售权。"你们的销售额正在下降,"销售代表说,"我们要把这条生产线开放给另一家店。"

埃伦和梅利莎很困惑。"等一下,"他们说,"我们的销售额并没有下降啊,是哪里出了问题?"

这一僵局在当天并没有得到缓解，但是埃伦和梅利莎给销售代表的老板——他们后来才知道，实际上是销售代表的老板的老板的老板——写了一封信，这位老板迅速采取了行动。这位公司高管邀请他们单独见面，梅利莎带来了一个简洁而全面的图表，展示了他们的销售情况——这位设计师的三条线都是上升的，他们的裙子90%的时间都在被试穿。在一个简单的图示中，梅利莎能够精准地显示出哪些裙子正在被试穿，而在过去的6个月，试穿的前20件裙子中，有18件来自这位设计师。

"我不明白为什么你说我们的业绩在下降。"梅利莎说。

设计主管对此印象深刻，并说："我们也有一些图表给你看，但我们无法像你解释的那样解释它们。"

然后，梅利莎和埃伦将讨论引向了真正的目标。"我们是否可以将注意力集中于通过合作，提高婚纱的销售额？"埃伦说。这将讨论引向了合作的方向。"我们设定了一些很好的共同目标，"埃伦说，"并确定了实现这些目标的折扣，我们讨论了设计公司可以做些什么来帮助我们，比如说品牌展示会。"

设计公司随后又表达了不满，因为礼服在试穿前就被去掉了他们的商标。"我们花钱在网页上打广告，把客户引导到你们的店里，你们都没有让我们的名字出现在衣服上以展示我们的品牌。"

然后双方开始解决这个问题。婚纱店把商标拿掉的原因是，他们不希望准新娘在找到了一件自己喜欢的婚纱，占用了销售人员所有的时间后，再根据设计师和库存编码到处寻找最低价。他们共同努力，确定了一个解决问题的方法：去掉库存编码，但是保留设计师的名字。

"你们能把已经拿掉的商标再贴回来吗？"设计公司问。

埃伦和梅利莎说不能，因为这太耗时了，但他们建议设计公司派工作人员到他们店里来做这件事。

总而言之，埃伦回忆道，这真是一次成功的谈判，因为每个人都非常开心地离开了。他们为此所做的准备——收集了丰富的数据——增加了他们的信任度。"我们呈现了事实，而不是情绪或者感觉，这些都是有帮助的。"他说。数据清晰地表明，很多设计公司也在销售婚纱，埃伦和梅利莎说，他们实际上不确定是否应该把60%或70%的业务交给一家公司。"我们的数据给了我们进行这场对话的底气。"

讨人喜欢也很重要

虽然在第二章我们重点讨论了被人喜欢的需要所带来的内在麻烦，但不可否认的是，讨人喜欢也是一种财富。如果你是一个好人，如果你很善良，人们就会想和你在一起。讨人喜欢的人往往能在生活中走得更远。

出于一个完全意想不到的原因，我大力支持善良：我不喜欢冲突，无论我要达到什么样的结果，我都不想通过刀剑相向达成。我想以一种不可怕的方式到达目的地，而不是感觉自己经历了一场战争。你可以放任冲突继续下去，或者你可以想一想：

"你知道吗？蜂蜜只会吸引蜜蜂。"

也许没有比机场更好的练习表达友善和讨人喜欢的场所了，尤其是在经历了一场紧张的旅行之后。最近在普罗维登斯机场，我就感到很焦虑，因为我刚刚错过了一趟航班。此刻摆在我面前的就是一场谈判：我要找客服聊聊现在我能做什么，希望我不用承担全价的机票钱。我在排队，前面两位女士正对着客服大吼。这位客服看起来很疲惫。轮到我的时候，我走上前说："我误机了，我想知道现在我能做些什么，我不知道前面的人发生了什么事，但很抱歉你不得不忍受这一切，我们不能苛责你。"

客服笑了笑，叹了口气。她给我打印了一张下一班飞机的机票，然后说："这是你的机票，请两个小时后回来登机。"确实，她本可以向我收取全额机票钱，但这都不重要了。我的友善、尊重对方的沟通策略仍然比其他任何选择都要好。我给予了她尊重，而这正是我前面的乘客没有给予她的，这也让我自己感觉良好，我是真诚的——我可不想在工作中遭遇这些破事。

约翰·林奇——我曾在第五章提到过他——一直以讨人喜欢而闻名。虽然作为 NFL 的安全卫，他在球场上非常疯狂——竞争激烈而且不想听任何废话，但是在球场外，他可是被称为"甜心"的。他非常乐意将谈判的职责委托给他的经纪人。他总觉得有些人是为谈判而生的，而他并不是这些人中的一员。"我不是一个强硬的谈判者，"他说，"我总是一开始就让步，而我的经纪人会鼓励我说：'约翰，你的影响力很大，你是这项运动的顶级球员，你是 NFL 中最优秀的安全卫。'"

"我只知道什么能让我开心，"他解释说，"然后我会说：'嘿，我喜欢为 NFL 打球，我喜欢确定性，我知道，接受这笔交易吧。'我总是让他失望，但我们总有点相信，无论是买辆车还是其他东西，也许是我的性格太好了，我无法成为一个成熟的谈判者。"

但在上过我的课后，他表现得不错。他认识到拥有"友善"性格的人可以利用自己的这一特质，找到成功的方法。"我想说的是，从这门课程开始，我对这些谈判的场景更有信心了。"他说。现在他是旧金山 49 人队的总经理，经常和经纪人进行谈判，他认为直接和讨人喜欢是可以兼顾的。"过去我认为直接就是对抗。"他说。但是，现在他认识到了它的巨大价值。"这么多人在那里故作姿态，"他说，"而那些直接说'嘿，约翰，就这么办吧'的家伙是我最喜欢打交道的人。你要学会信任某些人。"

林奇认为这种方法在球队签下四分卫吉米·加罗波洛时特别有效。"我们上了飞机，然后与他的经纪人唐·易面谈。我说：'听我说，虽然吉米不怎么打球了，但我们相信他就是我们要找的人，我们有能力签下他，我们可以为此讨价还价，但这并不是我想要的。我想达成协议，所以直接给了最高价，唐，让我们一起强势出击。'

"这就是我的风格，"林奇说，"如果说我有谈判风格，那就是别拐弯抹角。我会直接说'我想让你知道，我们会变得强大起来'。这并不是说没有任何讨价还价的余地，因为通常来说，这是谈判的一部分，但是我们不想侮辱彼此的诚信和智商，我们会努力完成这项工作。"

"在以前，"林奇继续说，"我会想，这么做也太大胆了。但我发现，这样做是有效的，因为对任何人来说，都没有灰色地带。"

这并不是说林奇不知道他讨人喜欢的名声可能会让一些人试图占便宜。有时确实有人会尝试这么做，他说。"你必须愿意说：'不。我已经准确表达了我想表达的内容。我明白你在努力做一份工作，但我想说清楚，这就是我们目前的处境。'这就像对待你的孩子一样，如果你说了你要去做某件事，你最好真的准备好去做。"

对于像林奇这样的人来说，找到与谈判对象沟通的方法非常简单——他们总是对橄榄球有着共同的热爱。不过，找到共同点的重要性可能会让你惊叹。在《影响力》这本书中，开创性的心理学家和思想家罗伯特·西奥迪尼强调了相似性在讨人喜欢方面的重要性。你和某人在一起的时间越长，你们彼此就会越熟悉，你就会发现你们有更多的共同点，你就会越喜欢他。在一项针对MBA学生的研究中，一部分人被告知在谈判中要直接谈生意，而另一部分人则被告知在与对方交流个人信息之前不要开始谈判。他们被要求"先找出你们的共同点，然后再开始谈判"。[6]而那些直接开始生意谈判的人，在当时有55%达成了一致，这个结果还不错。但那些友好的小组呢？90%都能达成一致，而且结果一般都是双赢的。

一个名为"和平玩家"（PeacePlayers）的非营利组织就采取并严格遵守了这一原则，因为它将体育当作对立双方之间的共同纽带。在耶路撒冷这样的地方，犹太青少年和阿拉伯青少年在一起打篮球。在北爱尔兰，只有不到 7% 的学校将天主教徒和新教徒融合在一起，让孩子们在一个队里进行体育运动。91% 的人在加入和平玩家组织之前从未接触过来自不同背景的人，和平玩家组织在塞浦路斯、南非和美国部分地区也很活跃。和平玩家组织让我想起了我热爱体育的原因——它通过一个共同的事业、一种共通的语言把人们团结在一起。

从孩童到成年人，从体育运动到核战争，共同的立场仍然是一个强有力的工具。每当舍曼会见她的伊朗同行时，他们不能和她握手，因为他们是保守的伊斯兰主义者，而她是异性。舍曼没有让这成为一个分歧点，而是告诉他们，她在一个正统的犹太社区长大，在那里，正统的犹太教徒不允许碰任何不是近亲的异性。对话使他们之间的紧张稍微缓和了一些。"他们对我更友善了一些，"舍曼写道，"我不只代表美国，或者是一个不可接触的异性，而是一个懂历史，并欣赏他们文化规范的人。在此之后，我们还是不握手，而是鞠躬，但是不握手不再是我们之间的障碍，而是共同点。"[7]

精神胜利法

所有经验丰富的谈判者都知道，最好的谈判筹码是你知道自己可以离开。要做到这一点，你需要知道谈判协议的最佳选择或者最佳替代方案。你的最佳替代方案越强，你的优势就越强，因为你知道你可以离开——你不需要这个客户或者这笔生意。

如果你真的这么做会怎样？

如果是这样，那么你的心态比你面对的现实更重要。如果你觉得自己的力量不够，那么你需要把精神置于物质之上，无论如何都要释放出自己的力量。你需要假装自己很强大，直到你获得成功。可以看看前文提到的电影《永不妥协》中的例子，如果你作为一名律师需要以一敌三，那你可能就需要换个角度采取行动了。这也是为什么当你遇到一头熊时，你应该挥舞双臂，尽可能让自己看起来高大一些。如果你不能真正地让别人觉得你是强大的，那么你就必须使用一些绝地武士般的思维技巧。

一种方法就是扮演这个角色，就像布罗克维奇那样。科学研究表明，当你强迫自己微笑的时候，即使你内心感觉糟透了，你也会开始觉得好一些，因为微笑这一行为会触发你大脑中的化学反应，让它释放更多的多巴胺和血清素。[8] 同样，如果你在力量弱小的情况下仍然以一种主导性的方式行事，你实际上就会感到自己变得更加强大，这不是一种假象，而是一种真实存在。重要的是，主导性的行为并不是大喊大叫或者恃强凌弱，相反，它涉及一些行为，例如做出夸张性的手势，这样你就可以占据更多的空间（再想想遇到熊的场景），大声说话，表现得自信一点。尽管南加州大学的一项研究表明这样做是有效的，但是其作者也警告说，如果对方认为你这样做是为了获得地位，结果就会适得其反。因此，要谨慎使用主导性行为。[9]

哈佛大学研究者埃米·卡迪的一项重要的开创性研究表明，

当你以一种占主导地位的姿势站立两分钟时，例如张开双臂或者像神奇女侠一样叉腰，你的睾酮激素水平会上升，而你的皮质醇（应激激素）水平会下降，这给了你更多的自信心并降低压力反应。[10]她建议，在进入谈判、面试或者其他你害怕被评估的场合之前，私下保持这种姿势两分钟。卡迪强调重要的不是假装你做得成，而是假装，直到你做成。"我们通过自己的存在来说服别人，"她引用沃尔特·惠特曼的话补充道，"在说服别人之前，先说服自己。"[11]

另一个绝地武士般的思维技巧是，简单地想象你有更多的力量。[12]这将积极思考的力量提升到了另一个层面，但这个层面要以研究为基础。

在一系列实验中，那些试图出售CD（激光唱片）但只有一个（弱）报价的人被要求想象自己有一个强报价。他们的表现和那些没有想象但是有一个强大的替代报价的卖家一样好。而那些没有强有力的替代方案的人，或者没有想象自己有替代方案的人表现得就不尽如人意了。

你绝对不想在谈判中陷入绝望，或者认为只有这笔交易才能让你感觉圆满。那笔交易不会定义你。有时，你通过审视内心和拥抱自己的力量来对抗这种倾向——无论是脆弱性，如咨询师朱莉娅的故事，还是创意合作伙伴，如活动空间的所有者布拉德利的故事。有时，当你掌握的筹码明显没有优势的时候，你必须更深入地挖掘，找到信念的种子，并坚定地站在上面……即使目前你暂时只能单脚站在上面。

以弱胜强

我的学生经常问我:"如果我要和一个骗子进行谈判怎么办?""如果我想和对方建立联系,但对方拒绝了我怎么办?""如果他只会大喊大叫(或发推特)怎么办?"他们已经习惯了一个似乎强势策略会有效的世界,但是即使在学术研究中,世界顶级谈判专家和历史本身都认为不是这样的。

问题是,与恃强凌弱者谈判没有一招制胜的方法,你很可能需要在本书目前介绍的所有内容的基础上,进行一种或多种尝试,并在过程中保持开放性思维和同理心思维。你对恃强凌弱者了解得越多,知道他的诉求所在,以及他为什么有这些行为,你就越能洞悉对付他的办法。例如,如果他欺负别人,是因为没有安全感,那么你的部分任务就是让他觉得他做得很好,即使你已经实现了所有的目标。试着用你的个人魅力让他放下防备,不管这是否起作用,反正你这么做也没什么损失。

如果你的对手的欺凌方式是撒谎,那么充分准备、收集信息、专注于当下和高情商都能为你提供帮助。在上谈判桌前进行研究和尽职调查可能会提醒你注意此人的声誉。例如,如果你们要讨论一个他给出的开价,请不要相信他之前给出的价格,在谈判前最好自己去查找或者请对方提供证明。

从长远来看,一个恃强凌弱者最终会落得恶名,人们根本不想与之谈判或做生意。还记得我在第七章引用的研究吗?如果谈判对象表现出了愤怒的情绪,人们离开的可能性就更高。即使霸凌者在短期内看起来获胜了，但就像几乎每一部好莱坞电影里说教的那样，我们都知道霸凌者最后没有好下场。

有些人坚持认为，对付恃强凌弱者唯一的方法就是正面回击，男高音对男高音，大吼对大吼，拳头对拳头。说实话，我不明白这有什么意义。这不会让他尊重你，不会让他知道你的能力和诉求。最后，我认为，知道自己的能力是对付恃强凌弱者最好的方法。如果你知道自己的力量，你就不会被人左右或是吓到。最终，恃强凌弱者会被你或别人击倒，而你仍然会站在高处。

杰西卡·约翰逊是一家安保公司的负责人，我在上一章介绍过她。她也曾遭遇欺凌。她回忆说，当她从一家大得多的公司雇人时，新员工承认，她把杰西卡的计划分享给了前公司，而前公司的老板说："你知道的，你要为大卫工作。他们是大卫，而我们是歌利亚，我们会收购所有人，包括他们。"*

杰西卡笑着说："我想，他们肯定没读过《圣经》后面的内容，因为我们都知道这个故事的结局。"我就是这么想的。

---

* 据《圣经》记载，歌利亚是腓力斯丁人的首席战士，著名的巨人，力量无穷，所有人看到他都要退避三舍。在歌利亚攻打以色列的战争中，大卫无所畏惧，最后战胜了歌利亚。——译者注

结语

谈判改变生活

我的公寓里经常同时开着两台电视机——一台播放有线新闻，另一台播放 ESPN（娱乐与体育电视网）的内容。我对时政新闻的痴迷与我对体育的痴迷不相上下。与体育不同的是，新闻通常会让人情绪低落（这也是很多非常关注新闻的人的常见反应）。感觉就像一场接一场的战斗，没有一方能彻底打败另一方。我承认，政治中存在分歧很常见。事实上，一个蓬勃发展的民主国家需要反对意见。但是，我看到的却不是健康的意见分歧。我看到人们通过扩音器大喊大叫，然后在对方要开口说话的时候用手捂住耳朵。这一切令人震惊，让我想起了亚伯拉罕·林肯曾经说过的话："美国永远不会被外部毁灭，如果我们踟蹰不前，失去自由，那是因为我们自己毁灭了自己。"

然而，当我暂时离开新闻的喧嚣，进入我的教学课堂时，我感到更有希望了。当我们讨论和实践一些原则时，比如提问、带着真正的兴趣倾听、以开放性思维进行对谈、坚持在场、试着不加判断地理解、建立共同点等，很明显，所有这些技巧都适用于政治对话。我们没有利用谈判来治愈民主，但我们本该这么做的。

民主党人和共和党人都对美国国内的分歧感到担忧。我们不愿相互学习，固执己见，这造成了更多的障碍和分歧。我们的愤怒、痛苦和失望，以及我们的偏见，只会进一步加剧这些分歧。我们在谈话时已经确信自己无所不知。这是一种可怕的共存方式，永远不会成为一场成功的谈判。

当然，两党之间的分歧一直存在，但在过去的25年里，分歧呈指数级增长，结果就是双方都没有取得什么成就。主要的成就就是播下了对反对派不信任甚至仇恨的种子。布雷特·卡瓦诺以50票对48票（按政党划分）赢得了最高法院的一个席位。以前可不是这样的。1993年，露丝·巴德·金斯伯格以96票对3票当选最高法院法官。从另一边来看，安东宁·斯卡利亚在1986年以98票对0票当选最高法院法官。尽管斯卡利亚和金斯伯格对法律的理解大相径庭，但他们有着众所周知的亲密友谊。

对不同观点抱有敌意是问题的一部分，但是日益增长的孤立、缺乏归属感，也是问题的一部分。芝加哥大学的约翰·卡乔波教授在过去20多年里，一直在研究"孤独"，他发现，感到孤独的人这么多年来一直在稳步增长。[1]有报告称，在20世纪70年代和80年代，感到孤独的人有11%~20%，而到2010年，上升到了45%。建立联系是一种积极主动的实践活动，需要身体力行，而不仅仅是在社交媒体上点个赞。在一个日益孤立的世界里，我们不能想当然地认为社交网络或新闻媒体上的匿名评论会帮我们做这件事情。也不妨走走老路，我们必须有意识地决定是否参与进来，即使不参与会更加容易。我们不能只和那些同意我们观点的人交流，而把其他人排除在外。的确，我们可能最终不会改变主意，这种情况在谈判中经常发生——有时，我们无法达成交易，但我们还是要坐到谈判桌前。

进步倡导组织"精巧政治"（Smart Politics）的创始人卡伦·塔梅留斯写道："纵观美国历史，我们之所以取得重大进步，是因为人们敢于与亲朋好友分享政治观点。民权运动、妇女运动、反战运动、同性恋权利运动、争取婚姻平等——所有这些运动的推动，最初都是在彼此激烈反对的家庭成员之间艰难的对话中获得认可的。"[2] 当然，谈论轻松的话题更容易，但当我们回避困难的话题时，我们就错过了进行改变的机会，哪怕这种改变是很微妙的。

当你把这一章的内容放在与你的邻居就你所在的社区、州府和国家应该做的事情进行谈判的测试中时，你会看到，当我们倾听对方——真正地倾听对方的时候——我们就有机会一起前进，而不是陷入僵局或者孤立地立于角落。这一章不关乎谁对谁错。相反，重点是我们已经到了一个非常孤独的境地——这不是民主。民主要求我们都参与进来，并且有勇气站出来。在此，我们可以利用高效谈判的经验来帮忙。

从自身出发

我最喜欢的几个谈判练习是关于测试学生在做艰难的、基于道德和价值观的决定时的能力。有些是要求团队选择一个生命而放弃另一个。答案没有对错,重点是,一群有着不同生活经历、价值观和沟通方式的人是如何在高风险的情况下达成一致的。我在第五章写到救生透析机时,触及了这个主题,即关于公平的主观意义。

在练习结束时,每个小组会宣布最终他们选择了谁,以及为什么。听完每个小组的决定后,我问是否有人有不同的看法。在一次课堂上,我永远不会忘记那位年轻的女士——卡罗琳,她举起手说她不同意自己团队的选择,他们选择了孩子,但是她觉得应该救那个 CEO。我问她为什么。

"我来自堪萨斯城,"她说,"工作岗位是如此重要,尤其是像我所在的这个社区,发展状况不好。这位 CEO 对我们至关重要——她是不可替代的。"

她的一个同学回答说:"你怎么知道不会有别的 CEO 做到和她一样好呢?"

"因为是这位 CEO 推动了公司的发展,"卡罗琳说,"公司因为有了她而蓬勃发展起来,她创造了这些就业岗位,让人们有了工作。在我们这个小城镇,有工作就是一切。"

"没错,"另一个同学说,"但是为什么别人不能把公司经营好,这样人们就不会丢掉工作了呢? CEO 常常换,他们总是会被新人取代,但公司还在继续经营。"

卡洛琳继续强调她的论点,并不断地说:"是的,可是像堪萨斯城这样的地方……"

最后，她的一个同学说："我很困惑，有很多人都可以做到这样。难道你没有到过堪萨斯城之外的地方吗？"

卡罗琳的沉默意味深长。

这是一个非常值得回味的时刻。卡罗琳来自经济困难的地区，与同龄人相比，她那里的就业状况非常不一样，如果不事先了解她的出发点，我们就无法提出对她有意义的论点。撇开策略不谈，那个让卡罗琳很难堪的同学也感觉很糟糕。她是拉丁裔，曾在世界各地生活和旅行过。在她说出这些话之前，她甚至还没意识到自己对卡罗琳的预设意味着什么。卡罗琳的观点与她相左，她很快就反驳它，认为它是错的。

2015年，播客节目《美国生活》播出了一期关于那些为支持同性婚姻和堕胎等问题进行拉票的人的节目。这些游说者的方法与你预期的可能不同。他们没有走近选民说："我认为你应该支持同性婚姻，原因如下……"相反，他们会询问选民有关生活的问题。在一次令人难忘的谈话中，一位宣称反对同性婚姻的选民谈起他的妻子，她几年前去世了，但是他每天都在为她哀悼。他谈到自己是多么爱她，以及希望其他人也能体会到这种爱。当游说者问到他与同性恋者的接触情况时，这位选民提起了住在他街对角的一对女同性恋，她们看起来就像他和他的妻子曾经那样幸福。他通过在一个非常人性化的层面上与同性恋游说者进行互动，将这些关键点联系了起来。最后，当游说者在谈话结束时问他是否支持同性婚姻时，他的想法改变了。[3]

理解他人的观点绝非易事，尤其是涉及政治议题的对话。因为当我们在情感上、经济上、政治上或社会性上融入某一方的立场时，就很难将情感与寻求事实真相分开。

控制情绪

与持相反观点的人谈论政治时，你需要借鉴第七章关于保持在场感的内容，并加以强化。政治无处不在，以至于每个感恩节，网络上都充斥着诸如《与保守派或者自由派家庭共进晚餐的10种方法》这样的文章。当你感觉要窒息的时候，我最好的建议是深呼吸，并进行战略性思考。如果此刻你发飙会怎样？你能得到什么？你能改变别人的想法吗？

坦率地说，在下列这些情况下，控制情绪是非常难的事情。如果你是犹太人，是大屠杀幸存者的后代，或者有色人种，有些人为2017年发生在夏洛茨维尔市的种族主义和反犹太集会所做的辩护，对你来说就会像是一次刺耳的攻击。一旦他们表达自己的感受，你就会从一个感觉极度受辱的地方开始对话，你会很受伤。你想继续向他们进攻，而不是听他们说了什么——你认为他们不值得你出于尊重的关注，这不能怪你，这太难了。

然而，当你深呼吸一口气的时候，"奇迹"发生了。希瑟·麦吉是一个非裔美国人，她是一个公共政策组织的领导人。有一次她担任CSPAN（非营利性媒体公司）的电视节目《华盛顿日报》的嘉宾，一个叫加里·奇维特罗的普通观众打电话给节目说："我是一个白人男性，我有偏见。"[4] 希瑟闭上了眼睛好一会儿,你可以看到她深吸一口气,加里继续说:"我能做些什么来改变自己呢?我要怎么做才能成为一个更好的美国人呢?"正如系列纪录片《正直的人》所报道的那样,希瑟的回应(首先感谢他的诚实,然后告诉他,他应该关掉晚间新闻,它只会强化负面的刻板印象。他应该读一读非裔美国人的历史,然后再和非裔美国人打交道)让加里开始了希瑟所说的"漫步"。他按照她的建议去做,甚至做得更多,并定期向她征求意见,俩人因此成了朋友。当然,这场谈话是从让步开始的。加里能够打开心扉,展现自己的好奇心,他从一开始就把这些表现得很清楚。尽管如此,他还是有一些根深蒂固的想法,这些想法直接切入希瑟身份的核心。对她来说,远离伤害,并把加里打发走是一件很容易的事,但她却闭上眼睛,深吸一口气,把他迎了进来。

并不是每个人都有像加里那样极端的偏见,但是偏见却可以根深蒂固。而且每个人都有这样或那样的偏见。我发现,记住这一点,有助于你不至于反应过度。在托德·罗斯和奥吉·奥加斯合著的《成为黑马》一书中,他们指出,即使在哥白尼已经逻辑清晰地分析了为什么是地球绕着太阳转而不是太阳绕着地球转100年后,仍然很少有人相信它。"假设是非常顽固的东西,"他们写道,"尤其是当它们与日常现实交织在一起的时候。"伽利略随后发现了围绕木星运行的四颗卫星,证明了哥白尼是正确的。[5]但是,"当他邀请那些相信地心说的同事通过他的望远镜亲眼观测那些卫星时,许多人坚持说他们看不到伽利略声称他们可以看到的东西。有些人甚至说，光是看一眼，他们就脑袋疼"。我从这个故事中得到的教训是：偏见并不是只与你或者我有关，而是和我们所有人都有关。因此，当有人说一些愚蠢的话时，你不能失去理智，因为我们都有可能这么做。或者，用马尔科姆·艾克斯的话来说，"不要因为一个人的行为或思考方式与你不同，就急着去指责他。你也有过无知的时候"。

不要省略"解释"

电影《隐藏人物》是根据三名非裔美国女性的生活改编的，她们在20世纪60年代克服了种族歧视和性别歧视，在美国国家航空航天局取得了成就。数学家凯瑟琳·约翰逊在休息后回到办公室，浑身湿透了。她的老板对她出去太久而恼火，在办公室其他人面前责备她。她愤怒地忍住眼泪，然后说出了一段独白，这段独白可以说是整部电影中最有力的一段：

这里没有我能用的洗手间。（"你说没有洗手间是什么意思？"）没有洗手间。这整栋楼都没有供有色人种用的洗手间，甚至西校区外方圆半英里内的任何建筑里都没有。你知道吗？我得走到廷巴克图去解手，而且还不能用那辆轻便自行车。哈里森先生，请你想象一下，我穿着制服、过膝长裙、高跟鞋，还戴着一串珍珠项链。哦，我没有珍珠项链，该死的你付给有色人种的钱还不够买珍珠项链的。我没日没夜，像狗一样工作，靠着你们谁也不愿碰的壶里的咖啡坚持着。所以，不好意思，我一天要上几次厕所。[6]

这是她在影片中第一次没有扮演自己被期待的人设——一个端庄的、次要的"电脑"（影片中她甚至被称作"电脑"）。她很情绪化、个人化。房间里没有人能否认她的这种痛苦。她激起他们的同理心，好比让他们也穿上了高跟鞋，让他们想象她的生活是什么样的。

我们一定都做过凯瑟琳所做的事。我们假设人们当然能看到我们作为黑人/白人/信教者/无神论者/男人/女人反对什么——这不是很明显吗？如果他们看不到，为什么我们有责任告诉他们？但是，请记住，一个明显的错觉是：相信自己的感受（或需求）对其他人来说是非常显而易见的，即使你们很少进行交流。先有现实，再有感知，但这两者并不是一回事。20世纪60年代，尽管大多数在NASA工作的人都意识到作为一名非裔美国女性在那里工作是一件艰难的事，但在凯瑟琳袒露出她遇到的人道难题并让他们站在她的立场上思考之前，他们并没有理解她所面临的困境。

一个现代的例子来自#MeToo（我也是）运动和女权主义运动，越来越多的女性要求得到倾听。作家金伯利·哈林顿在媒体上写到了对理解的请求："我们——生活在这样的躯壳中，习惯在走向汽车时用手紧握着钥匙，习惯在升职时被忽略，而去支持一个不称职但更擅长咆哮的男性同事——正在让我们的同伴去想象他们拥有那些他们可能从来没有，而且可能永远也不会获得的经验。我们请求他们立即变得更好，我们请求他们和我们站在一起。"[7] 即使是最体贴，最乐于助人的男性，也无法理解女性所承受的压力，除非我们告诉他们，除非他们愿意倾听，并试着去同情理解。

当然，危险在于你不需要解释——你不应该解释——或者，最糟糕的是，解释毫无意义，因为另一方"永远不会理解"。当我们采取这些立场时，我们就像摇晃的钟摆，找不到共同点，因为我们甚至都没有在寻找共同点。相反，我们对朋友表示同情，并引入我在第五章中谈到的证真偏差。错误的沟通就这样继续下去。

观看电影《孟买酒店》时，我被这部电影中对这个问题的处理方式震惊了，以至于我在电影院的黑暗中手忙脚乱地找出一个笔记本，把它记了下来。在讲述这个非凡而令人痛心的故事的过程中，影片也展示了我们如何在最人性化的互动中调整我们的偏见。当然，《孟买酒店》的故事背景，是基于2008年发生在印度精英酒店（资本主义的象征）的一场恐怖袭击。当恐怖分子拿着机枪冲进酒店大楼时，在酒店餐厅工作的锡克教服务员阿尔琼设法带领一群客人到了酒店的安全区域。随着屠杀和死亡越来越近，这群人变得越来越害怕，一位上了年纪的英国客人变得彻底偏执起来，她的乖张情绪把其他人置于危险之中。阿尔琼的顶头上司——餐厅主厨解释说，阿尔琼的头巾让客人感到不舒服，他应该摘下来。这位英国老妇人对头巾或者头巾的来历一无所知，便将阿尔琼和袭击大楼的一名武装分子联系在一起。

眼下，对锡克教徒来说，摘下头巾可不是一件小事。阿尔琼从来没有，很明显也不想把它拿下来，但是他既不想违抗主厨的命令，也不想让这个英国女人的偏执将他们这群人置于危险之中。于是他走向那个英国女人，向她介绍自己。他从钱包里拿出一张他怀孕的妻子和女儿的照片说，他是一个父亲，也是锡克教徒。锡克教信奉和平，并解释了他为什么戴着头巾，而且以前从未摘下来过。他强调自己是一个顾家的男人，并且他希望大家都能活下来。但他意识到她对他头上戴的东西感到不舒服。他告诉她，既然她是客人，那么客人优先，只要能让她感觉好一点，他就把头巾摘下来。这位女士说不用了。这是一场如此有力的谈判，如果阿尔琼选择不解释，那么事情可能就大不一样了。

分享自己的故事

用《正义之心》一书的作者乔纳森·海特的话来说，"人类的思维是一个故事处理器，而不是逻辑处理器"。

也许这就是为什么增加同理心的一个推荐方法是阅读小说。这是有道理的：所谓"迷失在一本书中"意味着象征性地占据这个世界和书中人物的观点。新学院大学的研究人员甚至发现，那些阅读小说的人更具有同理心。[8]

代顿大学的研究员米歇尔·C. 波茨博士的研究方向是电影改变思想的力量，他认为，"对美国人来说，讨论种族关系/种族主义仍然是一件困难的事情，而且这往往是一个禁忌话题。但是人们可以更容易地谈论一部电影，由此引向一些敏感话题的讨论"。[9] 还记得汤姆·汉克斯主演的电影《费城故事》是如何帮助艾滋病去污名化的吗？部分原因是，人们终于开始谈论一个过去更倾向于回避的话题。

同理心又一次将这一切与谈判联系起来，这是一场好的谈判实践的核心和灵魂。故事帮助我们将棘手的问题人性化，打破刻板印象，让我们放下防备，这样我们就能更好地去沟通。这就是为什么在讨论医疗救护问题时，讲述你的兄弟在罹患脑癌时还挣扎着支付医药费的故事，比引用任何政客的观点或统计数据都更有效。或者，在一场关于枪支管控的对话中，你可以这样解释：你并不提倡人们可以射杀他人，但是在你所居住的偏远乡村，警察救援不能立刻赶到，因此枪是你唯一的自卫来源。当你在听别人的故事的时候，你也必须分享自己的故事。

持续交流

我说过我会尽量避免在课堂上谈论政治，但这类话题偶尔也会出现，那么最好能让对话顺其自然地进行下去。在匹兹堡松鼠山附近的犹太教堂发生了可怕的仇恨者杀害犹太人事件大约一周后，我去芝加哥上课。这是一群非常优秀的学生，他们个性随和、聪明、非常努力，整个上午，教室里充满了轻松、愉悦的气氛。其中一个学生名叫索菲娅，这位拉丁裔中年女性引起了我的注意，因为她非常外向。她经营着一家成功的人力资源公司，而且显然也是一名出色的销售——她很有魅力，和每个人都能聊得来。

我们分组进行模拟谈判，结果是，大家都做得不太好。但索菲娅在与诺厄的谈判中获得了最低的销售价格。当我们在课堂上汇报谈判情况时，我问："索菲娅，你做了什么？"

她微笑着耸耸肩。"事情就是我在和诺厄谈判时惨败。但我并不吃惊。他是犹太人。"她解释说。

我整个人都惊到了，每个人都是。你甚至可以听到教室里大家倒吸一口气的声音。过了一会儿我才反应过来，我轻轻戳了一下索菲娅，她已经意识到自己说错话了，正想着如何解释。但她好像给自己挖了一个更深的坑。她向我和其他同学解释她是如何与许多犹太人合作的，说他们是非常精明能干的商人。显然她想表示自己是尊重犹太人的，但是在场的人似乎很难接受她的解释。

索菲娅是从那些伤人的刻板印象中吸取了灵感，但我很清楚她并不是这样的人。她只是对这些朋友印象深刻，并将他们的理财能力与他们的犹太身份联系起来。这是一种充满偏见且粗暴的方法，更不用说她对别人的反馈充耳不闻了，而这一切并不是以仇恨为基础的。但是我知道，鉴于教室里大家当下的集体反应，全班学生不一定能看到我在那时就意识到的问题。空气被情绪化和判断的阴霾所笼罩。

坐在后排的一个男同学举起手，用颤抖的声音说："我必须说，索菲娅，这太伤人了。"班上的其他同学，无论他们的民族和种族如何，都纷纷为索菲娅的言论向他道歉。与此同时，索菲娅看起来也惊呆了。她不知道自己做错了什么，并试图为自己辩解。我呼吁大家都冷静下来，仔细斟酌自己说的话，并保持对彼此的倾听。一个女同学表示，攻击索菲娅的人很虚伪，因为每个人在私底下都会抱有成见——索菲娅刚刚只是公开了自己的成见。第一个点出索菲娅名字的男同学说，他知道索菲娅并无恶意，但她的话仍然很伤人。

过了一会儿，诺厄举起了手："我能说句话吗？因为这是我和索菲娅之间的事。"诺厄转向索菲娅。"我原谅你，索菲娅，"他说，"我一点都不惊讶。"他对全班同学说："因为我戴着圆顶小帽*，我知道也能预料到，我有时走进教室时别人的反应。我不喜欢这些，但不幸的是，我已经预料到了。"

听到这里，我建议大家休息一下，平复一下激动的情绪。我注意到索菲娅不仅抓起她的钱包，还拿上了书包——这意味着她不打算回来了。我能感受到索菲娅对这一系列事情的发展非常后悔，但同时她也感受到了大家联合起来谴责她而受到的伤害。

正如我所料，索菲娅没有回来。我担心我们会回到一切的起点，彼此不再交谈。

不知不觉，那天下午剩下的时间我们读完了课程材料。结束的时候，我感到这真是漫长的一天、艰难的一天，在很多方面也

---

* 圆顶小帽是犹太男子在祷告、学习、吃饭时戴的帽子。——译者注

是重要的一天。我不是在一团糟中找安慰——这件事也有积极的一面。我们从伤害和痛苦走向宽恕和理解。我们生活在一个紧张、分裂的时代，但是作为学术研究，我们可以坐在一起讨论这些敏感话题——我们没有让谁闭嘴或者将他拒之门外。这是一种真正的冲动，一种去思考"哦，他们和我太不一样，他们永远也无法理解"的冲动。当我们这样做的时候，只是加深了人与人之间的隔阂。邀请，而不要控诉。我让学生们回到我们整个上午讨论的话题，关于同理心的话题。我提醒他们，现在教室里少了一个人，并敦促全班同学，如果谁觉得这件事已经过去了，可以去联系索菲娅。

后来，我听说索菲娅在下一周又回到了课堂（不是我的课），并且受到了大家的热烈欢迎。

现在回想起来，那天的课虽然很疲惫，但是意义非凡。毕竟，艰难的事总归是艰难的。我们的讨论教会了学生们比案例研究更多的谈判知识，我们从痛苦和批判转向治愈。

在我的课堂上，这绝不是唯一一次有人说错话。有时那些话说出口就消散了。但是我们现在处于一个不同的时期——犹太人感觉受到了攻击，少数民族感觉受到了攻击，女性感觉受到了攻击，连男性也感觉受到了攻击。那些词未经加工持续出现在我们的脑海中，但是，当一个人不经意间说出这些词时，我们却常常回避这个话题，而不是参与讨论。这就是为什么我对索菲娅在这门课上得到的结果感到高兴。我们都有这种固有的观念，但是我们努力克服了这一切。我们勇敢地留在了那张可恶的桌子旁，并且下周还会再来。

谈判，更有效地改变生活

最基本的政治策略是关注那些对选民无益的事情。这是竞选团队说服他们投另一边的方式。选择一个你关心的议题——医疗、移民、犯罪——每个政治挑战者都会说它有问题，而他们可以修复它。

然而，我很好奇，这个世界是否真的像政客想让我们相信的那样糟糕，或者是否可能只是我们不谈论那些好消息。因为当我走进教室时，我看到的就是这些。我在本书中讲述的许多故事还没有触及这些年来我在学生身上看到的转变的冰山一角。他们不仅学会了如何赢得更好的交易（他们确实做到了），他们还成长了，改变了，自我纠偏了，改变了与他人交往的方式。他们对自己和他人都更加友善了。我还很少遇到固执己见的人。无论谈话的性质如何，这都是非常值得期待的事情。这就是能吸引我回来，而且永远能吸引我回来的东西……因为他们向我证明了谈判是有效的。

致谢

从开始到结束，这是一个令人生畏且要求甚高的过程，其中一些故事跨越了我生命中许多不同的章节。因此，我要感谢的人太多了，在这里，我要向我的家人和朋友——我的家园和不断激励我的源泉——表达感激之情。特别要感谢我的姐姐，她鼓励我分享自己的故事，不要担心别人如何评价。那次谈话给了我很大的帮助。

有几个人对本书的出版发挥了特别重要的作用。非常感谢霍华德·允的鼓励和支持。本书在很长一段时间里都停留在一个想法上，并且迭代了好几个版本。感谢你一直陪着我，在正确的时间找到了正确的方向。感谢埃弗里团队的每个人，他们帮忙推进并塑造了本书。特别感谢我的编辑露西娅·沃森，感谢她敏锐的洞察力、周全的考虑和远见卓识。非常感谢我的早期读者，吉尔·赫德森和肯·施罗普希尔，感谢他们睿智且亲切的反馈。詹娜·弗里，我该说些什么呢？我们一起学习、成长，在我最需要的时候，你一直很有耐心、思维活跃，一直鼓励我去迎接挑战。

教书从来都不是我想要追求的。肯·施罗普希尔，我至今不知道你看到了什么，也不知道你是怎么知道的，但你一直都相信我。即使在我自己都认为不可能的时候，你依然鼓励我去教书。感谢你的友谊和指导，并为我打开了沃顿商学院的大门。

我永远感谢约翰·罗杰斯以及整个高盛基金会这个大家庭对我的支持和鼓励。特别感谢沃顿商学院的丽塔·麦格隆和其他同事邀请我到开罗美国大学为"10 000名女性项目"任教，这个项目在很多方面改变了我的生活。

我也非常感谢许多人允许我在本书中分享他们的故事，让我的读者从你们的成功和失败中吸取经验教训。你们都很慷慨地为此付出了很多时间，也很诚实地袒露了自己的经历。

最后但同样重要的是，我要感谢我的学生们，他们满怀勇气和信念，努力学习，他们的很多人生经历也构成了本书的核心。他们见识了我充满力量的时候，也看到了我的脆弱，因此他们也最了解我。感谢他们打开了我的心扉，让我的生活变得如此丰富多彩。

注释

第一章 降低自我价值感

1. Margarita Mayo, "The Gender Gap in Feedback and Self-Perception," *Harvard Business Review*, August 31, 2016, https://hbr.org/2016/08/the-gender-gap-in-feedback-and-self-perception.
2. Katty Kay and Claire Shipman, *The Confidence Code: The Science and Art of Self-Assurance—What Women Should Know* (New York: HarperCollins, 2014), xviii.
3. Rachael Rettner, "Study Reveals Why Women Apologize So Much," *Live Science*, September 27, 2010, https://www.livescience.com/8698-study-reveals-women-apologize.html.
4. Oprah Winfrey, "Wes Moore: Is Your Job Your Life's Purpose?," podcast audio, *Oprah's SuperSoul Conversations*, OWN, May 21, 2018, https://podcasts.apple.com/gb/podcast/wes-moore-is-

your-job-your-lifes-purpose/id1264843400?i=1000411964463.

5. Daniel J. Tomasulo and James O. Pawelski, "Happily Ever After: The Use of Stories to Promote Positive Interventions," *Psychology* 3, no. 12A (December 2012): 1191, http://dx.doi.org/10.4236/psych.2012.312A176; Martin Seligman et al., "Positive Psychology Progress: Empirical Validation of Interventions," *American Psychologist* 60, no. 5 (2005): 410, http://dx.doi.org/10.1037/0003-066X.60.5.410.

第二章 讨好型人格

1. Linda Babcock et al., "Nice Girls Don't Ask," *Harvard Business Review*, October 2003, https://hbr.org/2003/10/nice-girls-dont-ask.

2. Julie J. Exline et al., "People-Pleasing through Eating: Sociotropy Predicts Greater Eating in Response to Perceived Social Pressure," *Journal of Social and Clinical Psychology* 31, no. 2 (2012): 169, https://doi.org/10.1521/jscp.2012.31.2.169.

3. Elizabeth Grace Saunders, "Stop Being a People Pleaser," *Harvard Business Review*, October 30, 2012, https://hbr.org/2012/10/stop-being-a-people-pleaser.

4. Alex Spiegel, "By Making a Game out of Rejection, a Man Conquers Fear," *Morning Edition*, NPR, January 16, 2015, https://

www.npr.org/sections/health-shots/2015/01/16/377239011/by-making-a-game-out-of-rejection-a-man-conquers-fear?t=1556281440846.

第四章　思维误区

1. Joe Campolo, "Mandela—Master Negotiator," Campolo, Middleton & McCormick, LLP blog, March 27, 2014, http://cmmllp.com/mandela-master-negotiator/.
2. David McCandless, "51 Favorite Facts You've Always Believed That Are Actually False," *Reader's Digest*, https://www.rd.com/culture/false-facts-everyone-believes/, accessed May 25, 2019.
3. PON Staff, "The Star Wars Negotiations and Trust at the Negotiating Table," Harvard Law School, Program on Negotiation (PON) blog, May 7, 2019, https://www.pon.harvard.edu/daily/business-negotiations/a-forceful-deal-george-lucas-puts-his-trust-in-disney/.
4. Madeline E. Heilman et al., "Penalties for Success: Reactions to Women Who Succeed at Male Gender-Typed Tasks," *Journal of Applied Psychology* 89, no. 3 (2004): 416, http://dx.doi.org/10.1037/0021-9010.89.3.416; Madeline E. Heilman and Michelle C. Haynes, "No Credit Where Credit Is Due: Attributional Rationalization of Women's Success in Male-Female Teams," *Journal of Applied Psychology*

90, no. 5 (2005): 905, http://dx.doi.org/10.1037/0021-9010.90.5.905; Madeline Heilman, "Gender Stereotypes and Workplace Bias," *Research in Organizational Behavior* 32 (2012): 113, https://doi.org/10.1016/j.riob.2012.11.003; Rhea E. Steinpreis, Katie A. Anders, and Dawn Ritzke, "The Impact of Gender on the Review of the Curricula Vitae of Job Applicants and Tenure Candidates: A National Empirical Study," *Sex Roles* 41, no. 7–8 (1999): 509–510, https://link.springer.com/article/10.1023/A:1018839203698.

第五章 开放性思维

1. Jeremy Frimer, Linda J. Skitka, and Matt Motyl, "Liberals and Conservatives Are Similarly Motivated to Avoid Exposure to One Another's Opinions," *Journal of Experimental Social Psychology* 72, no 1–12 (2017): 10, https://papers.ssrn.com/sol3/papers.cfm?abstract_id=2953780.
2. Jennifer Eberhardt, *Biased*: *Uncovering the Hidden Prejudice That Shapes What We See, Think, and Do* (New York: Viking, 2019), 14.
3. Eberhardt, *Biased*, 85.
4. Alisa Chang, "MacArthur Genius Recipient Jennifer Eberhardt Discusses Her New Book 'Biased,'" *All Things Considered*, NPR,

March 26, 2019, https://www.npr.org/2019/03/26/706969408/macarthur-genius-recipient-jennifer-eberhardt-discusses-her-new-book-biased.

5. Erik Larson, "New Research: Diversity + Inclusion = Better Decision Making At Work, " *Forbes*, September 21, 2017, https://www.forbes.com/sites/eriklarson/2017/09/21/new-research-diversity-inclusion-better-decision-making-at-work/#3fca39af4cbf.

6. David Rock and Heidi Grant, "Why Diverse Teams Are Smarter," *Harvard Business Review*, November 4, 2016, https://hbr.org/2016/11/why-diverse-teams-are-smarter.

7. Anne d'Innocenzio, "Gucci, Prada, H&M—Fashion Brands Blunder over Racial Sensitivity," *Stuff*, February 18, 2019, https://www.stuff.co.nz/business/world/110664121/gucci-prada-hm—fashion-brands-blunder-over-racial-sensitivity.

8. Tom Jacobs, "Why We Shut Ourselves Off From Opposing Viewpoints," *Pacific Standard Magazine*, June 14, 2017, https://psmag.com/news/why-we-shut-ourselves-off-from-opposing-viewpoints.

9. Jolie Kerr, "How to Talk to People, According to Terry Gross," *New York Times*, November 17, 2018, https://www.nytimes.com/2018/11/17/style/self-care/terry-gross-conversation-advice.html.

10. Dale Carnegie, *How to Win Friends and Influence People*, rev. ed. (New York: Simon and Schuster, 1981), 30.

11. Patricia Donovan, "Study Finds That Curiosity Is Key to Personal Growth in Many Spheres, Including Intimate Relationships," University at Buffalo, News Center, December 16, 2002, http://www.buffalo.edu/news/releases/2002/12/5996.html.

12. Jonathan Mahler, "The White and Gold (No, Blue and Black!) Dress That Melted the Internet," *New York Times*, February 27, 2015, https://www.nytimes.com/2015/02/28/business/a-simple-question-about-a-dress-and-the-world-weighs-in.html.

第六章 同理心思维

1. L. Gregory Jones, "Leadership as Loving Enemies," *Faith and Leadership*, January 4, 2009, https://www.faithandleadership.com/content/leadership-loving-enemies.

2. Pervaiz Shallwani, "Life Lessons from the NYPD's Top Hostage Negotiator," *Wall Street Journal*, August 28, 2015, https://www.wsj.com/articles/life-lessons-from-the-nypds-top-hostage-negotiator-1440726792.

3. Gary Noesner, "The Best Books on Negotiating and the FBI Recommended by Gary Noesner," *Five Books*, https://fivebooks.com/best-books/gary-noesner-on-negotiating-and-the-fbi/,

accessed May 26, 2019.

4. Ben Rhodes, *The World As It Is* (New York: Random House, 2018), 201.

5. PON Staff, "Win Win Negotiation—Managing Your Counterpart's Satisfaction," Harvard Law School, *Program on Negotiation* (PON) blog, December 24, 2018, https://www.pon.harvard.edu/daily/win-win-daily/win-win-negotiations-managing-your-counterparts-satisfaction/.

6. Michael S. Hopkins, "How to Negotiate Practically Everything," February 1, 1989, https://www.inc.com/magazine/19890201/5526.html.

7. Charalambos Vlachoutsicos, "Empathetic Negotiation Saved My Company," *Harvard Business Review*, October 24, 2013, https://hbr.org/2013/10/empathetic-negotiation-saved-my-company.

第七章　在场思维

1. Wendy Sherman, *Not for the Faint of Heart* (New York: Public Affairs, 2018), 43.

2. Kevin McSpadden, "You Now Have a Shorter Attention Span Than a Goldfish," *TIME*, May 14, 2015, http://time.com/3858309/attention-spans-goldfish/.

3. Adrian F. Ward et al., "Brain Drain: The Mere Presence of One's Own Smartphone Reduces Available Cognitive Capacity,"

Journal of the Association for Consumer Research 2, no. 2 (2017), https://www.journals.uchicago.edu/doi/full/10.1086/691462.

4. "Americans Don't Want to Unplug from Phones While on Vacation, Despite Latest Digital Detox Trend," press release, Asurion.com, May 17, 2018, https://www.asurion.com/about/press-releases/americans-dont-want-to-unplug-from-phones-while-on-vacation-despite-latest-digital-detox-trend/.

5. Maryanne Wolf, *Reader Come Home: The Reading Brain in a Digital World* (New York: HarperCollins, 2018), 2.

6. Michelle Obama, *Becoming* (New York: Crown, 2018), 61.

7. Obama, *Becoming*, 89.

8. Keith Allred et al., "The Influence of Anger and Compassion on Negotiation Performance," *Organizational Behavior and Human Decision Processes* 70, no. 3 (1997), https://doi.org/10.1006/obhd.1997.2705.

9. Jeremy A. Yip and Martin Schweinsberg, "Infuriating Impasses: Angry Expressions Increase Exiting Behavior in Negotiations," *Social Psychological and Personality Science* 8, no. 6 (2017), https://doi.org/10.1177/1948550616683021.

第八章　富足思维

1. Olga Khazan, "Why Do Women Bully Each Other at Work?" *The*

Atlantic, September 2017, https://www.theatlantic.com/magazine/archive/2017/09/the-queen-bee-in-the-corner-office/534213/. Allison S. Gabriel et al., "Further Understanding Incivility in the Workplace: The Effects of Gender, Agency, and Communion," *Journal of Applied Psychology* 103, no. 4 (April 2018): 362–382, http://psycnet.apa.org/doiLanding?doi=10.1037%2Fapl0000289.

2. Neil Katz and Kevin McNulty, "Interest-Based Negotiation," Maxwell School of Citizenship and Public Policy, 1995, https://www.maxwell.syr.edu/uploadedFiles/parcc/cmc/Interested-Based%20Negotiation%20NK.pdf.

3. PON Staff, "Why Is Sincerity Important? How to Avoid Deception in Negotiation," Harvard Law School, *Program on Negotiation* (PON) blog, January 7, 2019, https://www.pon.harvard.edu/daily/conflict-resolution/why-we-succumb-to-deception-in-negotiation/.

4. Michael Benoliel, *Done Deal* (Avon, MA: Platinum Press, 2005), 114.

5. Paul B. Brown and Michael S. Hopkins, "How to Negotiate Practically Anything," interview with Bob Woolf, *Inc.*, February 1, 1989, https://www.inc.com/magazine/19890201/5526.html.

6. Fast Company Staff, "Fresh Copy: How Ursula Burns Reinvented Xerox," *Fast Company*, November 19, 2011, https://www.fastcompany.

com/1793533/fresh-copy-how-ursula-burns-reinvented-xerox.

7. Leslie K. John, "How to Negotiate with a Liar," *Harvard Business Review*, July–August 2016, https://hbr.org/2016/07/how-to-negotiate-with-a-liar.

8. John, "How to Negotiate with a Liar."

第九章 内在力量

1. Sallie Krawcheck, *Own It: The Power of Women at Work* (New York: Crown Business, 2017), 7.

2. Krawcheck, *Own It*, 4.

3. Ursula Burns, "Ursula Burns: First Woman to Run a Fortune 500 Company," *Time*, http://time.com/collection/firsts/4883099/ursula-burns-firsts/, accessed May 28, 2019.

4. "From Paper-Clip to House in 14 Trades," *CBC News*, July 7, 2006, https://www.cbc.ca/news/canada/from-paper-clip-to-house-in-14-trades-1.573973.

5. Sherman, *Not for the Faint of Heart*, xvi.

6. Robert Cialdini, "Principles of Persuasion," video, *Influence at Work*, https://www.influenceatwork.com/principles-of-persuasion/, accessed June 1, 2019.

7. Sherman, *Not for the Faint of Heart*, 39.

8. Nicole Spector, "Smiling Can Trick Your Brain into Happiness—

and Boost Your Health," *NBC News*, November 28, 2017, https://www.nbcnews.com/better/health/smiling-can-trick-your-brain-happiness-boost-your-health-ncna822591.

9. Michael Schaerer, Martin Schweinsberg, and Roderick Swaab, "Imaginary Alternatives: The Effects of Mental Simulation on Powerless Negotiators," *Journal of Personality and Social Psychology* 115, no. 1 (2018), https://psycnet.apa.org/record/2018-13326-001.

10. Amy Cuddy, "Your Body Language May Shape Who You Are," TED Talk video, 2012, https://www.ted.com/talks/amy_cuddy_your_body_language_shapes_who_you_are?language=en.

11. Amy Cuddy, *Presence: Bringing Your Boldest Self to Your Biggest Challenges* (New York: Little, Brown, 2015), 41.

12. Schaerer et al., "Imaginary Alternatives."

结语　谈判改变生活

1. Laura Entis, "Loneliness Is a Modern Day Epidemic," *Fortune*, June 22, 2016, http://fortune.com/2016/06/22/loneliness-is-a-modern-day-epidemic/.

2. Karin Tamerius, "How to Have a Conversation with Your Angry Uncle over the Holidays," *New York Times*, November 18, 2019, https://www.nytimes.com/interactive/2018/11/18/opinion/

thanksgiving-family-argue-chat-bot.html.

3. Ira Glass, "The Incredible Rarity of Changing Your Mind," podcast audio, *This American Life*, WBEZ Chicago, April 24, 2015, https://www.thisamericanlife.org/555/the-incredible-rarity-of-changing-your-mind. (Note that although a study used in this episode was later discredited, the canvasser's conversation with the voter remains accurate.)

4. Heather McGhee, "'What Can I Do to Change? You Know? To Be a Better American?'" Interview with Heather McGhee, CSPAN's *Washington Journal* via YouTube, August 20, 2016, https://www.youtube.com/watch?v=BsUa7eCgE_U; Daniel Smith, "A Friendship for a More Tolerant America," *New Yorker*, December 25, 2016, https://www.newyorker.com/magazine/2017/01/02/a-friendship-for-a-more-tolerant-america.

5. Todd Rose and Ogi Ogas, *Dark Horse: Achieving Success through the Pursuit of Fulfillment* (New York: HarperOne, 2018).

6. *Hidden Figures*, 20th Century Fox, released December 25, 2016.

7. Kimberly Harrington, "When Will It Be Times Up for Motherhood and Marriage?", *Medium*, July 20, 2018, https://medium.com/s/story/when-will-it-be-times-up-for-motherhood-and-marriage-2766d311bfae.

8. David Comer Kidd and Emanuele Castano, "Reading Literary

Fiction Improves Theory of Mind," *Science* 342, no. 6156, DOI: 10.1126/science.1239918.

9. John Guida, "How Movies Can Change Our Minds," *New York Times*, February 4, 2015, https://op-talk.blogs.nytimes.com/2015/02/04/how-movies-can-change-our-minds/.